青少年
体育活动课程设计
篮球运动

体育活动课研创组　编

人民邮电出版社

北京

图书在版编目（CIP）数据

青少年体育活动课程设计. 篮球运动 / 体育活动课
研创组编. -- 北京：人民邮电出版社，2022.8
ISBN 978-7-115-58512-7

Ⅰ．①青… Ⅱ．①体… Ⅲ．①体育活动—青少年读物
②篮球运动—青少年读物 Ⅳ．①G8-49②G841-49

中国版本图书馆CIP数据核字(2022)第011868号

免责声明

　　作者和出版商都已尽可能确保本书技术上的准确性以及合理性，并特别声明，不会承担由于使用本出版物中的材料而遭受的任何损伤所直接或间接产生的与个人或团体相关的一切责任、损失或风险。

内 容 提 要

　　"青少年体育活动课程设计指导丛书"面向负责学校体育活动的组织者，以促进青少年健康发展为基本理念，提供了一系列关于开展体育活动课程的丰富参考内容，涉及体能训练、篮球、足球、羽毛球、乒乓球等体育活动的具体实施方案。

　　本书首先介绍篮球运动的起源与发展、场地与装备、简单规则等基础知识，然后针对课程实施过程中会用到的热身与放松、篮球技术和组织训练方法进行具体介绍，基于此提供了 16 个实操性较强的课程方案，每节课程均按照热身活动、技术教学、组织训练和放松活动的顺序合理地安排教学，寓教于乐，旨在为青少年体育教育课程的设计者和开展者提供有效参考，进而为青少年提供有趣又科学的体育活动。

◆ 编　　　　体育活动课研创组
　　责任编辑　林振英
　　责任印制　马振武

◆ 人民邮电出版社出版发行　　北京市丰台区成寿寺路 11 号
　　邮编　100164　　电子邮件　315@ptpress.com.cn
　　网址　https://www.ptpress.com.cn
　　固安县铭成印刷有限公司印刷

◆ 开本：700×1000　1/16
　　印张：9　　　　　　　　　　2022 年 8 月第 1 版
　　字数：186 千字　　　　　　　2025 年 11 月河北第 5 次印刷

定价：49.80 元

读者服务热线：(010)81055296　印装质量热线：(010)81055316
反盗版热线：(010)81055315

编委会

主任：王 雄

副主任：翁盈盈 赵嘉玮

编委会成员：

王 雄——国家体育总局训练局国家队体能训练中心负责人，博士、副研究员、硕士生导师

翁盈盈——北京市翠微小学体育教师，国家一级田径裁判员

赵嘉玮——清华附中稻香湖国际学校体育教师，爱尔兰利默里克大学运动表现专业硕士

沈兆喆——国家体育总局训练局国家队体能训练中心体能训练师、副研究员，奥运冠军体能教练

陈 洋——国家体育总局训练局国家队体能训练中心体能训练师，奥运冠军体能教练

崔雪原——国家体育总局训练局国家队体能训练中心体能训练师，国家队体能教练

刘 也——国家体育总局训练局国家队体能训练中心体能训练师，国家队体能教练

丁仁海——中国篮球协会理事，北京篮球协会副秘书长，优肯篮球创始人

索 敌——前国家羽毛球队女单一队队员，前国青队教练，现任北京羽毛球专业队女单主教练

呙 俐——前国家花样游泳队队员（队长），世界杯冠军，里约奥运会、东京奥运会银牌得主

索 冉——前国家游泳队队员，游泳国际级运动健将，世界杯、短池世锦赛、军运会冠军

顾玉婷——前国家乒乓球队女单一队队员，乒乓球国际级运动健将，首届青奥会女单冠军

廖 韬——中国足球协会甲级联赛湖南湘涛一线队体能教练，青少年足球梯队体能教练，亚足联/中国足球协会C级教练

张欣欣——北京市史家小学副校长，北京市骨干教师，国培计划小学体育骨干教师培训导师

李 波——北京市东城区教育科学研究院体育教研员，北京市骨干教师，北京市东城区教学指导委员会体育学科主任

韩 军——深圳市华丽小学校长，深圳市督学，中国青少年近视防控"慧眼工程"创始人

谭廷信——华南师范大学科教体育教研组前组长，"惠运动"数字体育平台发起人，惠考中考体育发起人

陈凤林——广州市第一中学高级体育教师，广州市名教师工作室负责人，广州市荔湾区体教结合篮球项目总教练

卢钦龙——北京市培新小学科研主任、高级体育教师，北京市东城区体育学科带头人

王宝华——北京市板厂小学副校长、高级体育教师

吴永新——北京市培新小学体育教师，全国田径中级教练员

张 旎——北京市第十一中学一级体育教师，国家一级艺术体操运动员

方 康——北京市第四中学体育教师

果天泽——北京第二外国语学院体育教师

孟 圆——北京市西城区黄城根小学体育教师，国家一级田径裁判员

前言

各类报道显示，我国中小学生体质指标在近 20 年内呈总体下滑趋势，成为后续"亚健康"问题的源头，也给社会带来了深深的隐忧。在数字互联网和人工智能飞速发展的大时代背景下，体育运动对促进儿童青少年身心的全面协调发展更加具有不可替代的重要作用，儿童青少年身体素质的发展将直接影响到中华民族伟大复兴战略目标的实现，这也是当前"双减"政策出台的重要背景之一。

著名教育学家蔡元培先生说过，"完全人格，首在体育"。强健学生体魄，帮助下一代培养健康积极的生活习惯和运动家精神，有利于其正确人生观和价值观的塑造，也是民族复兴的百年大计。实际上，体育是学生全面发展的基础，强健的体魄和良好的运动能力不仅能提高学生的身体素质，也可以间接地提高学生的学习效率，促进德、智、美、劳的全面发展。孩子要健康成长，形成良好的锻炼习惯和掌握科学的训练方法非常关键，而学校体育课是孩子掌握体育技能和练习方法最重要的阵地，特别是针对当前火热的球类运动的教学，如篮球、足球、乒乓球、羽毛球等，体育课需要更加结构化和科学化，需要系统地安排热身活动、放松运动，在技术教学的同时进行多元化组织设计，嵌入符合年龄特点的游戏和互动环节，调动学生的兴趣和积极性。

本书主要适用于学校负责开展体育活动的教师，包括专职体育教师、兼职体育教师、各类体育活动组织者等，以中小学生作为授课对象，贯彻科学练习、寓教于乐的原则，让儿童青少年增强体质、提升技能的同时，更好地体会到球类运动的魅力。

全书共 6 章，第 1 章是关于篮球的简单小知识，便于教师开课时进行基础性的介绍；第 2~4 章分别对热身与放松、篮球基础技术和组织训练方法进行具体介绍，详细阅读这一部分，可以帮助课程实施者掌握动作要点，进而正确有效地指导学生的动作；第 5 章提供了 16 个课程组织方案，每节课程由热身活动、技术教学、组织训练与放松活动四个部分组成，将篮球技术与集体游戏融合于一体，可以帮助教师完成一节内容丰富、结构完整的篮球课；最后第 6 章提供一些关于运动损伤防护和应急处理的小知识，帮助降低学生受伤风险，让教师更加科学、安全、系统地安排好教学课程。

需要注意的是，本书第 5 章所介绍的 16 个课程方案是一套完整的学期课程内容，方案中每个身体练习或技术动作都可按照书中对应页码找到详细讲解。在实际教学中，教师可按照本书提供的课程顺序进行一学期的教学，也可针对不同年龄学生选取部分课程进行教学。此外，教师也可以根据学生的技能水平情况及场地设施条件，对书中的各部分内容进行针对性的调整，增加课程的新鲜感和互动性，帮助学生更好地掌握篮球技术与技能，提升身体素质和增强运动表现，进而最大限度的激发学生的运动热情。

CONTENTS 目录

第 1 章 篮球小知识

第 2 章 热身与放松

目录 CONTENTS

CONTENTS 目录

第 3 章　篮球基础技术

目录 CONTENTS

第 4 章　篮球组织训练方法

CONTENTS 目录

第 5 章　课程组织方案

第 6 章　常见运动损伤与预防

掌握教学技能
提升专业素养

扫描本书二维码，获取正版专属资源

智能阅读向导为您严选以下专属服务

会员专享
教育工作者必备干货合集，提高你的教学能力

教学图解
体育课堂必备图解，总结篮球课堂教学关键点

教育报告
行业报告在线查阅，紧跟教育政策导向

教育理论
名家分享教育理念，助力提升专业素养

★ 记【读书笔记】随手记录体育教学心得与体会
★ 加【交流社群】与教育工作者展开交流与探讨

扫码添加**智能阅读向导**

操作步骤指南

① 微信扫描左侧二维码，选取所需资源。
② 如需重复使用，可再次扫码或将其添加到微信"📦收藏"。

第 1 章

篮球小知识

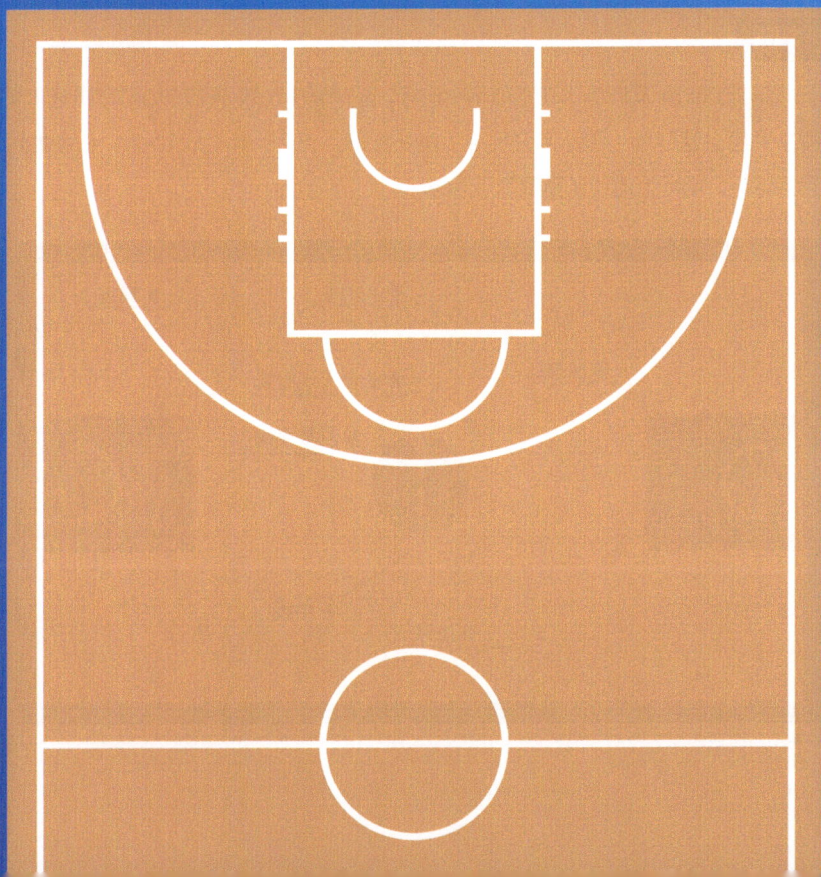

1.1 起源与发展

篮球由美国马萨诸塞州斯普林菲尔德市一所学校的体育教师詹姆斯·奈史密斯发明。他受儿时"石头上的鸭子"游戏的启发，结合美式橄榄球、足球等其他球类运动的特点，发明了被视为篮球前身的投球游戏。最初，投球的目标是桃筐。1936年，篮球成为奥运会正式比赛项目。

观赏点

● 强调快节奏进攻、激烈对抗和不间断的比赛场面，包括很多精彩瞬间，如快攻、妙传、盖帽、扣篮、绝杀等。

1.2 场地与装备

篮球场

正规的篮球比赛及训练要在篮球场中进行，篮球场中比较常见的地面材质有木质、塑胶和水泥等。篮球场（国际篮联标准）呈长方形，长 28 米，宽 15 米，在场地短边处设置篮球架，场地上的线条宽度为 5 厘米。

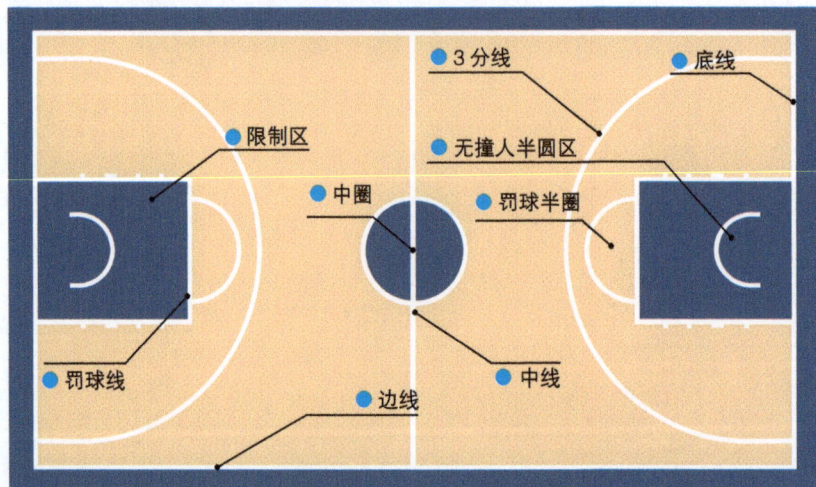

- **底线**

  底线不属于比赛场地,踩线即为出界。

- **边线**

  边线不属于比赛场地,踩线即为出界。

- **中线**

  中线将场地分为前、后场。中线是后场的一部分。

- **3 分线**

  踩线或在线内区域投中得 2 分,在线外区域投中得 3 分。

- **罚球线**

  当一方犯规后,另一方在此罚球,罚进 1 次得 1 分。

- **限制区**

  攻方队员在无球或无进攻动作、意图的情况下,不得在该区域停留超过 3 秒。

- **中圈**

  中圈用于跳球,通过跳球拿到球的一方获得优先进攻权。

- **无撞人半圆区**

  该区也被称为合理冲撞区。在该区域内,守方队员一旦与攻方队员有身体接触,很可能被判防守犯规。

- **罚球半圆**

  罚球时,罚球球员的准备区域。

篮筐与篮板

- **篮筐**

  球员将球投入对方篮筐即可得分。成人比赛用的篮筐的直径为 0.45 米,距离地面的高度为 3.05 米。在小篮球比赛规则中,11~12 岁球员使用的篮筐距离地面的高度为 2.75 米,9~10 岁球员使用的篮筐距离地面的高度为 2.60 米,7~8 岁球员使用的篮筐距离地面的高度为 2.35 米。

1.8 米

1.05 米

0.59 米

0.45 米

0.45 米

- **篮板**

  成人比赛用的篮板尺寸如上图所示,小篮球比赛用的篮板长 1.2 米,宽 0.9 米。篮板上线条的宽度均为 5 厘米。

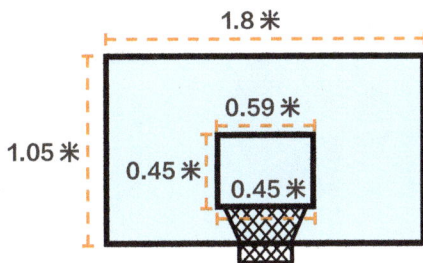

● 篮球服

一般比赛中球员穿的篮球服上会有队名、球员姓名和号码（本图中未展示）。

● 护腕、护肘、护膝

用于保护重要关节（一般由球员根据自身需求决定是否佩戴）。

● 篮球

专业篮球通常分为男子用球、女子用球，以及孩子使用的小篮球。为了使更多的孩子加入篮球运动，也设置了针对 12 岁及以下孩子的篮球场地和比赛规则。

● 篮球鞋

具有良好的支撑性、稳定性和减震性，能在激烈的对抗中保护球员的脚踝和膝盖。

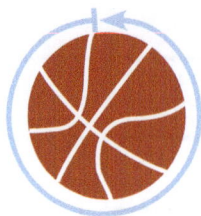

成人篮球			
男子用球	7 号球	女子用球	6 号球
	周长：75~76 厘米		周长：70~71 厘米
	重量：600~650 克		重量：510~550 克

小篮球			
9~12 岁	5 号球	8 岁及以下	4 号球
	周长：69~71 厘米		周长：62~66 厘米
	重量：470~500 克		重量：430~460 克

1.3 简单规则

一场篮球比赛由 4 节组成，每节 10 分钟（一些职业联赛，如中国男子篮球职业联赛，每节 12 分钟）。第 1、2 节之间和第 3、4 节之间休息 2 分钟，第 2、3 节之间休息 15 分钟。常规时间内分数相同则进入加时赛，加时赛每节 5 分钟，直至分出胜负。

圆柱体原则

站在场上的球员占据一个假想的圆柱体空间；该空间前方由双手界定，后方由臀部界定，两侧由双臂、双腿的外侧界定；手和手臂向前伸时，肘部不能超出双脚的位置。球员离开自己的圆柱体空间和在此空间内垂直跳起的上方空间以不合理的方式接触他人的行为，视为犯规。

典型违例

- 带球走违例：球在手上，走 2 步以上。
- 二次运球违例：双手触球后再运球。
- 球回后场违例：一般指球员将球带至对方半场后，又主动越过中线将球带回至己方半场。
- 8 秒违例：攻方从己方半场控制活球开始，未在 8 秒内将球带至对方半场。
- 24 秒违例：攻方从控制活球开始，未在 24 秒内出手投篮或投篮后球未触及篮筐。

第2章

热身与放松

2.1 斜抱腿

训练部位 下肢、臀部

主要肌肉 臀肌

POINT 要点提示

在拉伸过程中保持胸部挺直，收紧支撑腿一侧的臀大肌。

动作步骤

1. 身体直立，双脚间距与肩同宽，腹部收紧，抬头挺胸，目视前方。

2. 右膝尽量抬至胸前，右手扶右膝，左手扶脚踝呈"摇篮"状，缓慢用力向上提拉；同时左脚全脚掌撑地，收紧支撑腿一侧的臀大肌；保持背部挺直，拉伸动作持续 1～2 秒。右脚向前落地。

3. 换至对侧，循环进行，直至完成规定次数。

2.2 单腿屈髋拉伸

训练部位 下肢

主要肌肉 腘绳肌

POINT 要点提示

拉伸时不要震颤肌肉，不要用力按压膝关节，在身体能接受的范围内有拉伸感即可。

动作步骤

1. 以左脚在前、右脚在后的姿势站立；左脚脚跟撑地，左腿尽量伸直；右腿屈膝支撑身体，双手置于右侧膝关节上方；目视前方地面。

2. （动态）腿部不动，上身前倾至腘绳肌有中等程度的牵拉感，目视左脚前方地面。**动态俯身下压，直至完成规定的次数。完成后换至对侧进行。**

（静态）腿部不动，上身前倾至腘绳肌有中等程度的牵拉感，目视左脚前方地面。保持拉伸动作至规定时间。完成后，换至对侧进行。

动态 / 静态

9

2.3 侧弓步

训练部位	下肢和髋部
主要肌肉	大腿内侧肌群

POINT 要点提示

保持胸部和背部挺直，脚尖始终向前，保持重心稳定且膝关节不要超过脚尖。

动作步骤

动态 / 静态

1

1. 身体直立，双脚间距与肩同宽，腹部收紧，挺胸抬头，目视前方。

2.（动态）右脚向右侧迈步，呈侧弓步，身体重心移至右腿；双脚脚尖朝前，全脚掌贴地。双臂前平举，与肩同高，掌心朝下；同时身体下蹲，左腿伸直。**恢复起始姿势。换至对侧，两侧交替进行，直至完成规定的次数。**

（静态）右脚向右侧迈步，呈侧弓步，身体重心移至右腿；双脚脚尖朝前，全脚掌贴地。双臂前平举，与肩同高，掌心朝下；同时身体下蹲，左腿伸直，保持拉伸动作至规定时间。恢复起始姿势，换至对侧进行。

2

2.4 站姿股四头肌拉伸

训练部位 躯干和下肢

主要肌肉 股四头肌、屈髋肌群

POINT 要点提示

保持膝盖指向地面，拉伸时不要过度伸展下背部，保持腹部收紧。

动作步骤

动态 / 静态

1. 直立，双脚间距与肩同宽，腹部收紧，抬头挺胸，目视前方。

2.（动态）左脚全脚掌撑地，左腿成为支撑腿；右腿向后屈膝，右手抓住右脚脚背或脚踝，将其拉向臀部；同时左臂上举，**右手用力拉伸右侧股四头肌，恢复起始姿势。换至对侧，两侧交替进行，直至完成规定的次数。**

（静态）左脚全脚掌撑地，左腿成为支撑腿；右腿向后屈膝，右手抓住右脚脚背或脚踝，将其拉向臀部；同时左臂上举，右手用力拉伸右侧股四头肌，保持规定时间。恢复起始姿势，换至对侧进行。

1　2

2.5 对侧肘碰膝垫步跳

训练部位 全身

主要肌肉 肩部肌群、髋部肌群、
小腿三头肌

动作步骤

1. 身体呈直立姿势站立。双腿伸直，双臂自然垂于身体两侧。

2. 保持腹部收紧，抬一侧腿，并用另一侧手肘碰触抬起腿的膝部，同时另一侧腿原地垫步跳。

3. 抬起腿落地垫步跳的同时，换另一侧腿抬起并用对侧手肘触碰膝部。两侧交替进行，完成规定的次数后恢复起始姿势。

1   2   3

2.6 踝关节八字跳

训练部位 髋部、小腿

主要肌肉 臀大肌、腓肠肌、比目
鱼肌、股四头肌

POINT 要点提示

保持躯干挺直、腹部收紧，双脚呈八字
内收或外展向一侧跳动，同时保持膝盖
和脚尖的方向一致。

动作步骤

1. 身体呈直立姿势，双腿伸直，双脚开立与肩同宽，双臂自然垂于身体两侧。

2. 保持躯干挺直、腹部收紧，踝关节发力，呈八字内收或外展向一侧跳动。完成规定
的时间或距离后恢复起始姿势。

1

2

2.7 开合跳

训练部位 全身

主要肌肉 下肢肌群

POINT 要点提示

开合跳时，需要注意膝关节不要锁死，否则容易造成关节损伤。

动作步骤

1. 身体呈直立姿势，腹部收紧，腰背挺直。双脚开立，约与肩同宽。双臂伸直，自然垂于身体两侧。挺胸抬头，目视前方。

2. 保持腹部收紧，双腿蹬地发力向上跳起。双臂伸直，沿身侧打开上移并在头顶上方双手轻轻触碰，同时双腿打开。下落的同时，双臂下摆，双脚靠拢，恢复起始姿势。重复以上步骤，并完成规定的次数。

2.8 髋关节外展跳

训练部位 下肢

主要肌肉 髋部肌群、小腿三头肌

POINT ▶ **要点提示**

向外侧展髋时，腹部收紧，以保持身体的稳定性，同时躯干保持挺直。

动作步骤

1. 身体呈直立姿势站立。双腿伸直，双脚分开，双手扶髋。

2. 抬一侧腿并向外侧展髋的同时，另一侧腿原地垫步跳，接着抬起腿落地跳动的同时，换另一侧腿完成屈髋屈膝并向外侧展髋的动作。两侧交替进行，完成规定的次数后恢复起始姿势。

1

2

2.9 内收肌坐式拉伸

训练部位 大腿

主要肌肉 股内收肌

POINT 要点提示

胸部向双腿间逐渐靠拢时吐气，在拉伸过程中保持呼吸均匀，保持腹部收紧。

动作步骤

1. 身体呈坐姿，背部挺直。双腿屈膝，双脚脚底相对。双手分别握住同侧踝关节，并将前臂分别压在同侧大腿的膝关节内侧，目视前方。

2. 胸部缓慢向双腿间靠拢，直至大腿内收肌有中等程度的牵拉感。保持拉伸动作至规定的时间。

2.10 双臂向后伸展上提

训练部位 肩部

主要肌肉 三角肌前束

POINT 要点提示

当双臂向身体后上方举起时，深呼气；恢复动作时，吸气。在拉伸过程中，应始终保持均匀的呼吸。

动作步骤

1. 身体直立，双脚间距与肩同宽，腹部收紧，挺胸抬头，双手交叉置于臀部后方，目视前方。

2. 躯干不动，双臂在身体后侧举起，直至三角肌前束有中等程度的牵拉感。保持拉伸动作，直至达到规定时间。

1

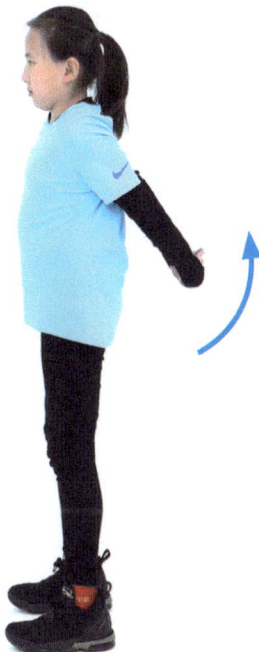

2

2.11 屈伸手腕

训练部位 前臂

主要肌肉 腕部屈肌和伸肌

POINT 要点提示

拉伸时，要注意动作与呼吸的配合，当手拉向身体方向时，深呼气，在拉伸过程中均匀地呼吸。

动作步骤

1. 身体直立，双脚间距略比肩宽，腹部收紧，挺胸抬头，目视前方。

2. 右臂前平举，左手抓住右手的手指，右手手指朝下、掌心朝内，左手向身体方向拉动右手手指，直至腕部伸肌有中等程度的牵拉感。

3. 右手手指朝上、掌心朝外，左手抓住右手手指向身体方向拉动，直至腕部屈肌有中等程度的牵拉感。保持拉伸动作，直至达到规定时间。另一侧亦然。

2.12 肱三头肌拉伸

训练部位 上肢

主要肌肉 肱三头肌

POINT 要点提示

当一侧手推动另一侧手臂向后移动时，深呼气。在拉伸过程中，保持均匀的呼吸。

动作步骤

1. 身体直立，腹部收紧，挺胸抬头，目视前方。

2. 右臂屈肘上举。

3. 左手托在右臂处，向后推动右臂，直至肱三头肌有中等程度的牵拉感。保持拉伸动作，直至达到规定时间。另一侧亦然。

1

2

3

2.13 向后弓步 + 旋转

训练部位 胸椎、躯干和髋部

主要肌肉 髂腰肌、腹内斜肌和腹外斜肌

POINT 要点提示

弓步时，前腿膝关节不要超过脚尖，并且方向与脚尖一致。拉伸的同时收紧后腿的臀大肌。

动作步骤

1. 身体直立，双脚间距与肩同宽，腹部收紧，抬头挺胸，目视前方。

2. 右腿上抬，然后右脚向后跨步呈弓步分腿蹲姿势，前脚全脚掌撑地，后脚前脚掌撑地。左腿大腿与地面基本保持平行，双手置于左腿大腿上。

3. 躯干慢慢向左侧旋转至最大幅度，同时左臂随躯干向身体后方外展，目视左手，右手置于左腿小腿外侧，拉伸动作持续 1 ~ 2 秒。恢复起始姿势，换至另一侧，循环进行，直至完成规定次数。

2.14 振臂跳

训练部位 全身

主要肌肉 肩部肌群、髋部肌群、小腿三头肌

POINT 要点提示

保持有节奏的跳跃，注意前脚掌着地。同时要有控制地振动双臂。

动作步骤

1. 身体呈直立姿势站立。双腿伸直，双臂自然垂于身体两侧。

2. 保持腹部收紧，抬一侧腿至大腿与地面接近平行，对侧手臂伸直举过头顶，同时另一侧腿向前垫步跳。

3. 重心前移，抬起腿向前落地并跳动的同时，换另一侧完成提膝振臂的动作。两侧交替进行，完成规定的距离或次数后回到起始姿势。

2.15 跪姿－背阔肌拉伸

训练部位 肩部、背部和髋部

主要肌肉 背阔肌

POINT 要点提示

静态拉伸练习的每个动作应保持
10 ~ 30 秒。

动作步骤

身体呈俯身跪姿，臀部向下坐于脚后跟上；背部尽量挺直，双臂伸直过头顶，前臂、双手触地，指尖朝前，面部朝地。整个拉伸动作持续 10 ~ 30 秒。保持拉伸动作，直至达到规定时间。

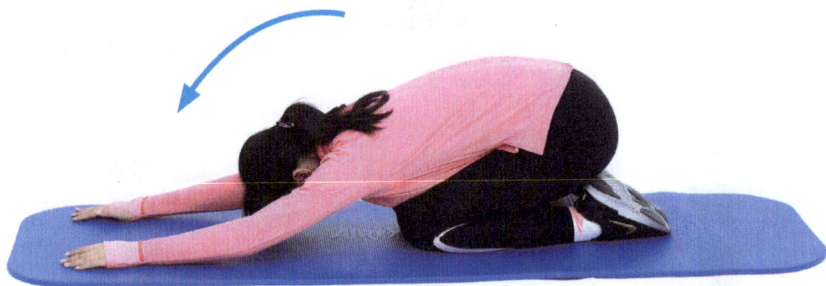

2.16 猫狗式

训练部位 躯干（胸椎）

主要肌肉 背阔肌、菱形肌、腹肌、肩部肌群

POINT 要点提示

双臂伸直尽量与地面垂直，双脚脚尖触地。

动作步骤

1. 身体呈俯身跪姿，双臂伸直，双手撑地，指尖朝前；背部挺直，与地面基本平行；目视双手方向。

2. 在呼气的过程中，腰背部尽可能地向下弯曲，头部抬起，目视前上方，拉伸动作持续 2 秒左右。

3. 收腹收臀的同时吸气，腰背部尽可能地向上拱起。

4. 恢复初始动作，循环进行，直至完成规定次数。

2.17 侧卧股四头肌拉伸

训练部位	下肢、髋部
主要肌肉	股四头肌

POINT 要点提示

保持背部挺直，拉伸时拉伸腿尽量抬离地面。

动作步骤

1. 身体呈右侧卧姿，头枕于右臂上；屈髋屈膝，左臂伸直，左手握住左脚脚踝。
2. 左手将左腿向左侧臀部后拉，直至左腿股四头肌和屈髋肌群有中等程度的牵拉感，拉伸动作持续 2 秒左右。
3. 恢复初始动作，换至对侧，双腿交替直至完成规定次数。

2.18 4 字拉伸

训练部位 髋部、下肢

主要肌肉 臀肌、梨状肌

POINT 要点提示

背部要始终紧靠地面，用腹部和腿部的力量完成动作。

动作步骤

1. 身体呈仰卧姿，双腿弯曲，右脚交叉置于左腿大腿上，呈"4"字形；双手交叉抱住左腿大腿，将左腿抬离地面。

2. 双手继续抱住左腿大腿并将其拉向胸部，直至目标肌肉有中等程度的牵拉感。保持拉伸动作，直至达到规定时间。对侧亦然。

1

2

2.19 最伟大拉伸

训练部位	全身
主要肌肉	髋关节屈肌、腘绳肌、腓肠肌和臀大肌等

POINT 要点提示

始终保持后腿膝关节不接触地面，注意收紧臀大肌。

动作步骤

1. 直立，双脚间距与肩同宽，腹部收紧，挺胸抬头，目视前方。
2. 左脚向前迈步，呈左弓步；右腿伸直，右脚前脚掌撑地。俯身，右手手掌撑地，左肘置于左脚内侧并尽量贴地，拉伸动作持续 1~2 秒。
3. 目视右手，左臂从左腿内侧向上外展至双臂呈一条直线，拉伸动作持续 1~2 秒。
4. 左臂收回，双手置于左侧大腿两侧，指腹触地；右腿屈膝；左腿从屈膝变为伸直，脚跟撑地，脚尖勾起，拉伸动作持续 1~2 秒。回到初始动作，换至对侧，双腿交替进行，直至完成规定的次数。

2.20 毛毛虫爬

训练部位 全身

主要肌肉 核心肌群

POINT ▶ 要点提示

保持膝盖伸直，腹部收紧，肩与躯干发力，双手交替向前移动时，可通过双手移动至超过头顶位置来增加难度。

动作步骤

1. 身体呈直立站姿，双脚分开约与肩同宽，双臂伸直自然垂于身体两侧，目视前方。

2. 保持腹部收紧，屈髋俯身使双手着地，并保持双腿伸直，但不要锁死。保持双脚位置不变的同时，双手交替向前移动。

3. 双手移至最大距离后，挺胸抬头，使身体呈反弓形，并注意保持双腿不要着地。

4. 回到平板姿势，保持双手位置不变，双脚交替向前靠近双手。回到起始姿势，重复以上步骤，并完成规定的距离。

2.21 波比跳

训练部位	全身
主要肌肉	核心肌群、下肢肌群

POINT 要点提示

全程保持腹部收紧，以稳定身体。

动作步骤

1. 身体呈直立姿站立，双臂伸直自然放于身体两侧，目视前方。

2. 保持腹部收紧，屈髋屈膝俯身至双手在肩部下方触地。

3. 双臂伸直，双手触地支撑，伸髋伸膝将双脚同时向后跳至头部、躯干、双腿在一条直线上。

4. 接着屈髋屈膝将双脚跳回，回到下蹲姿势。

5. 起身跳起，同时双臂向上伸展并在头顶上方轻轻触碰。回到起始姿势。重复以上步骤，并完成规定的次数。

2.22 蹬山步

训练部位 核心

主要肌肉 核心肌群

POINT 要点提示

提高肩关节和核心稳定性。

动作步骤

1. 身体呈四点支撑的俯撑姿势（双手和双脚脚尖着地）。保持双手支撑于肩部的正下方，距离与肩同宽，双臂伸直。双脚并拢，脚尖触地支撑。

2. 保持腹部收紧，一侧腿屈髋屈膝至髋部下方，然后屈膝腿向后回到起始姿势。换至对侧，重复以上步骤。两侧交替进行并完成规定的次数或时间。

1

2

2.23 徒手深蹲

训练部位	下肢
主要肌肉	股四头肌、臀肌、腘绳肌

POINT 要点提示

膝盖保持向前，不要内扣。

动作步骤

1. 身体呈直立姿站立。双脚分开，约与肩同宽挺胸收腹，下颌微收，双臂伸直做前平举。

2. 保持背部挺直，双臂前平举，屈髋屈膝下蹲，至大腿与地面大致平行。回到起始姿势，重复以上步骤，并完成规定的次数。

1   **2**

2.24 相扑蹲起

训练部位 下肢

主要肌肉 股四头肌、臀肌、腘绳肌、
腓肠肌、比目鱼肌

POINT 要点提示

下蹲时保持腰背挺直，避免弓背弯腰。

动作步骤

1. 身体呈直立姿站立。双腿伸直，双脚分开略大于肩宽，挺胸收腹，下颌微收，双手自然垂于身体前侧。

2. 保持背部挺直，腹部收紧，屈髋屈膝下蹲，至大腿约与地面平行后快速站起，回到起始姿势，重复以上步骤，并完成规定的次数。

1

2

2.25 小碎步

训练部位	全身
主要肌肉	股四头肌、小腿三头肌、臀肌、踝部肌群

POINT 要点提示

小碎步跑时，身体重心始终放在前脚掌上。稍高的跑步频率有助于保持重心稳定。

动作步骤

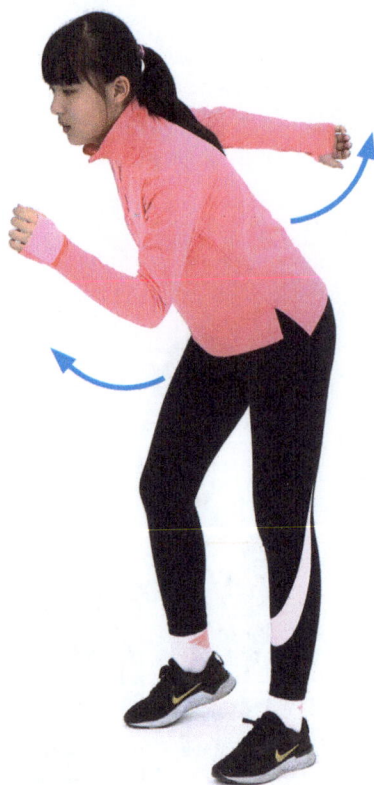

以运动姿站立。双脚间距略比肩宽，重心位于前脚掌。保持背部挺直，以较高的频率碎步跑。始终保持较低的前后摆臂频率，控制脚步节奏由慢变快，到达最大速度后尽可能保持几秒再减速，同时尽可能保持上、下肢的协调。完成规定的时间。

2.26 向后弓步走 + 后伸

训练部位 下肢

主要肌肉 腿部和髋部的所有伸肌

POINT ▶ 要点提示

手臂上举时伸直贴耳，躯干前倾幅度以双手置于前脚两侧后方为宜。

动作步骤

1. 身体直立，双脚并拢，腹部收紧，挺胸抬头，目视前方。

2. 右脚向后形成弓步，身体下蹲至右腿膝关节着地；双手用力伸过头顶。

3. 双臂向前、向下伸展，双手置于前脚的两侧；伸直双腿膝关节进行腘绳肌拉伸。恢复初始动作，换至对侧，循环进行直至完成规定次数。

2.27 YTW 字

训练部位	上肢、肩部、背部
主要肌肉	肩带和上背部肌群

POINT 要点提示

始终保持背部挺直，肩胛骨收紧。

动作步骤

1. 身体呈站姿，双脚间距与肩同宽，双膝微屈，膝盖不超过脚尖；屈髋，背部挺直，双臂下垂置于身前，双手握拳，拳心相对，拇指伸直，目视下方。

2. 双侧肩胛骨向下、向内收紧；双手抬起举过头顶，拇指朝上，与躯干呈"Y"字形。

Y 字

1 2

T 字

3. 双臂落回后，双侧肩胛骨向下、向内收紧；双臂外展至侧平举位，拇指朝上，与躯干呈"T"字形。

3

W 字

4. 双臂落回后，双侧肩胛骨向下、向内收紧；双臂屈肘，双臂外展，与躯干呈"W"字形。恢复初始动作，循环进行直至完成规定次数。

4

2.28 下犬－小腿拉伸

训练部位 下肢

主要肌肉 腓肠肌、比目鱼肌

POINT 要点提示

当脚后跟逐渐踩向地面并伸直双膝时，深呼气；在拉伸过程中，保持均匀地呼吸。每个动作应至少保持 10~30 秒。

动作步骤

1. 身体呈俯身姿，双腿微屈，双脚前脚掌撑地；双臂伸直、双手撑地，指尖朝前；目视双手方向。

2. 臀部拱起，双臂与背部呈一条直线，同时双脚脚后跟缓慢踩向地面并伸直双膝，直至目标肌肉有中等程度的牵拉感。保持拉伸动作，直至达到规定时间。

2.29 横向一字拉伸

训练部位 下肢、髋部

主要肌肉 内收肌、腘绳肌

POINT 要点提示

含胸低头靠向地面时，深呼气；在拉伸过程中，保持均匀地呼吸。每个动作应至少保持 10 ~30 秒。

动作步骤

1. 身体呈坐姿，双腿分开尽量外展，双膝微屈；双臂置于双腿内侧，双手触地；目视前方。

2. 腿部不动，双臂前伸，含胸低头靠向地面，直至内收肌有中等程度的牵拉感。保持拉伸动作，直至达到规定时间。

2.30 十字象限跳

训练部位 下肢

主要肌肉 臀大肌、股四头肌和腘绳肌

跳跃时双脚尽量保持并拢。

动作步骤

1. 身体呈直立姿站立，双脚并拢，双手叉腰。站在用十字分开的一块区域内（A 区域）。
2. 双脚蹬地从 A 区域跳向 B 区域。
3. 双脚蹬地从 B 区域跳向 C 区域。
4. 双脚蹬地从 C 区域跳向 D 区域。从 D 区域跳回到 A 区域，重复以上步骤，并完成规定的次数。

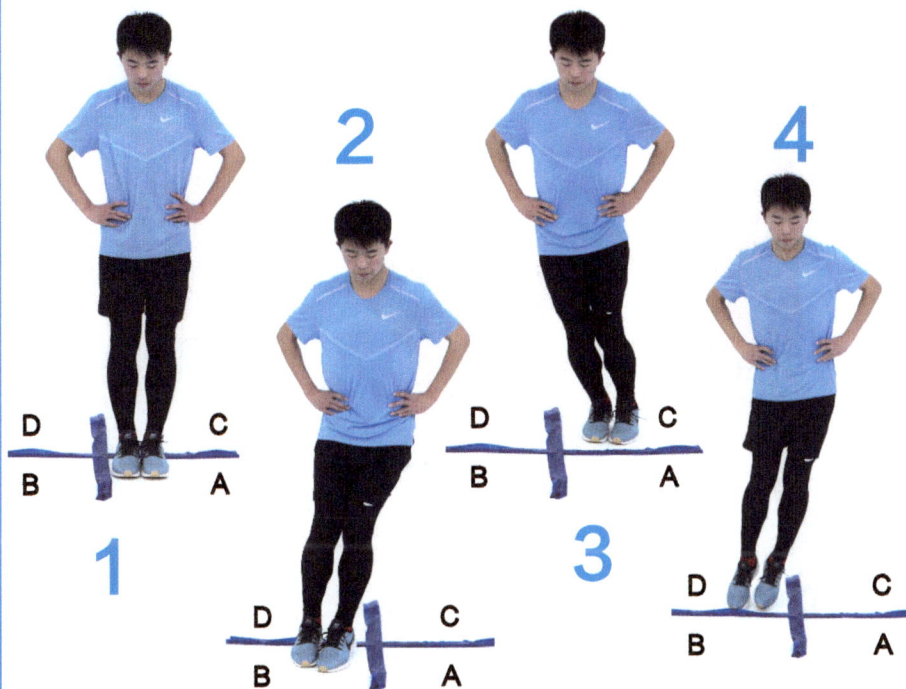

2.31 半蹲跳

训练部位 下肢

主要肌肉 股四头肌、臀肌、腘绳肌和小腿三头肌等

POINT 要点提示

避免塌腰、膝内扣，注意屈髋缓冲。

动作步骤

1. 身体呈直立姿，双脚分开略大于肩宽，挺胸收腹，下颌微收，双手交叉抱头。

2. 腿保持背部挺直，腹部收紧，屈髋屈膝下蹲。

3. 双脚蹬地发力，快速向上跳起。回到起始姿势，重复以上步骤，并完成规定的次数。

1

2

3
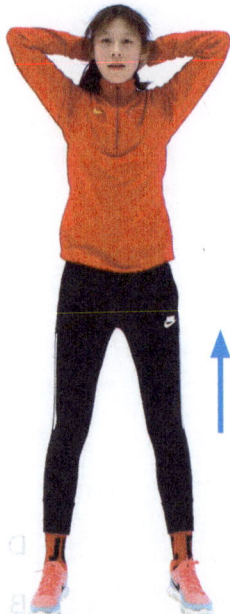

2.32 燕式平衡 + 体前屈

训练部位　全身

主要肌肉　臀大肌、腘绳肌、
　　　　　　竖脊肌

POINT　要点提示

在运动过程中，躯干挺直，重心要保持稳定，手脚相碰时尽量保持躯干处于直立的状态。

动作步骤

1. 抬头挺胸，身体呈直立站姿。目视前方，双臂自然垂于身体两侧。

2. 双臂侧平举，与躯干呈 90 度角。向前俯身并将一侧腿后抬，后抬腿和躯干呈与地面平行的一条直线，另一侧腿微屈，单脚掌撑地。

3. 屈髋俯身，双臂与地面接近垂直，手指指腹撑地。上半身呈倾斜状，腹部收紧，支撑腿屈膝，后抬腿保持不变。回到起始姿势，换对侧重复以上步骤，完成规定次数。

2.33 侧滑步

训练部位	下肢
主要肌肉	髋外展肌群、髋内收肌群

POINT 要点提示

全程注意降低身体重心，保持身体稳定，双脚之间始终保持一定距离。

动作步骤

1. 双腿微屈，背部挺直，双脚间距大于肩宽，双臂侧平举，目视前方。
2. 左脚保持不动，右脚贴着地面向右侧滑一步，重心放低，上半身保持稳定。
3. 右腿保持屈膝状态，左脚跟着向右侧滑动，重心侧移，上半身姿势不变。
4. 双腿距离拉近，但不并拢。两侧腿以上述方式重复进行，完成规定次数或距离。

2.34 垫步直臂环绕

训练部位 全身

主要肌肉 臀大肌、髂腰肌、股四头肌、腓肠肌、比目鱼肌、核心肌群、肩部肌群

POINT 要点提示

脚蹬地时双臂随之从后向前摆过头顶。落地时双臂随之向前下摆。注意保持上下肢动作的协调性与节奏性。

动作步骤

1. 抬头挺胸，身体呈直立站姿。目视前方，双臂自然垂于身体两侧。

2. 一侧腿微屈向前迈一步，脚尖向前，身体重心前移；目视前方，呈垫步姿。

3. 支撑腿蹬地发力，另一侧腿屈膝屈髋上提至大腿与地面接近平行，同时双臂从后向前摆过头顶伸直，身体略微前倾。

4. 抬起腿落地的同时用力蹬地，支撑腿屈髋屈膝上提至大腿与地面接近平行，继续向前做垫步动作，双臂同时下摆至体侧，完成一个手臂环绕动作。重复以上步骤，完成规定次数或距离。

1 **2** **3** **4**

2.35 高抬腿

训练部位	下肢
主要肌肉	股四头肌、腓肠肌、比目鱼肌、核心肌群

POINT ▶ 要点提示

抬起一侧的腿尽量上抬，大腿与地面平行，换腿动作要迅速。

动作步骤

1. 抬头挺胸，身体呈直立站姿。目视前方，双臂自然垂于身体两侧。

2. 躯干挺直，抬一侧腿屈髋屈膝至大腿与地面接近平行，同侧手臂自然后摆。对侧腿单脚掌撑地，对侧手臂屈肘，上摆至胸前。

3. 抬起腿落地的同时，换另一侧完成该动作，双腿交替进行，完成规定次数。

1   2   3

2.36 后踢跑

训练部位	下肢
主要肌肉	腘绳肌、腓肠肌、比目鱼肌

POINT ▶ 要点提示

进行后踢跑动作时，注意收紧腹部，上身不要过度前倾。

动作步骤

1. 抬头挺胸，身体呈直立站姿。目视前方，双臂自然垂于身体两侧。

2. 双臂后旋置于臀部，掌心朝后，一侧腿屈膝，小腿后踢直至脚后跟碰触掌心；另一侧腿微屈撑地。

3. 上半身微前倾，支撑腿发力向前跳，抬起腿落地的同时，支撑腿后踢触碰掌心。两侧腿以上述方式交替进行后踢，匀速向前跑动，完成规定次数。

2.37 体前屈

训练部位 背部、腰部、下肢

主要肌肉 大腿后侧肌群、背部肌群

POINT 要点提示

不论是站姿还是坐姿，双腿始终伸直不弯曲，双手尽量触碰到脚尖。

动作步骤

站立

1. 抬头挺胸，身体呈直立站姿。目视前方，双臂自然垂于身体两侧。

2. 保持腹部收紧，屈髋俯身，双手指尖尽力触碰脚尖，并保持双腿伸直，保持规定时间。恢复起始姿势，完成规定次数。

2

坐位

1

2

1. 身体呈坐姿，双腿伸直，躯干直立，双手撑在身体两侧。手掌贴地，指尖向前。

2. 双两腿伸直，上身前倾，双臂伸直向前至双手触碰脚尖，保持规定时间。恢复起始姿势，完成规定次数。

2.38 站立拉伸小腿

训练部位 下肢

主要肌肉 比目鱼肌、腓肠肌

POINT 要点提示

拉伸时身体微微前倾，双腿保持伸直状态，拉伸侧脚跟始终与地面接触。

动作步骤

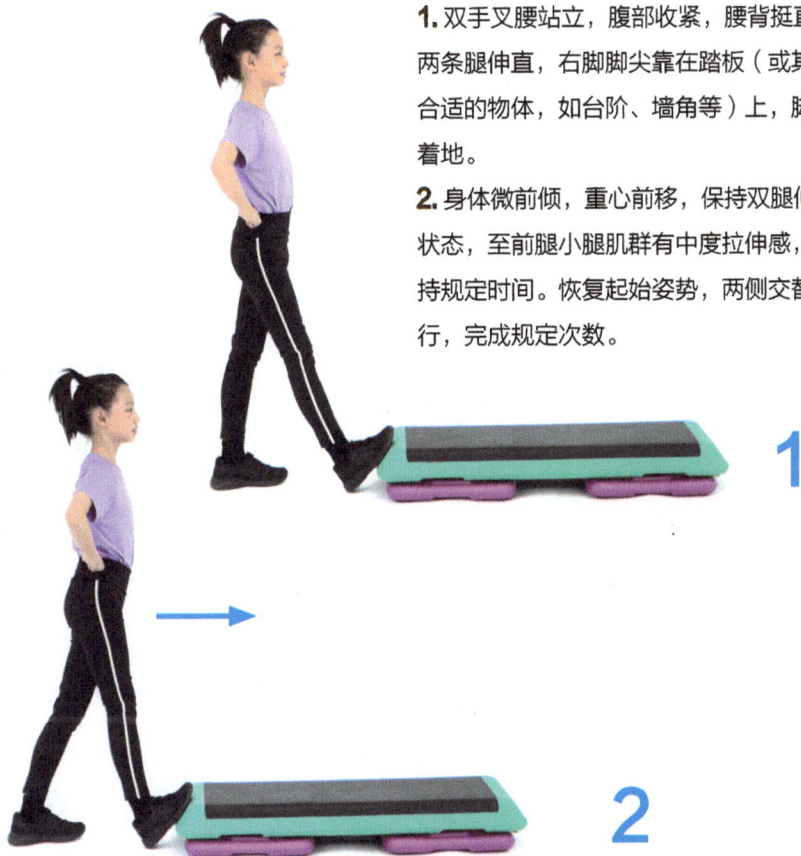

1. 双手叉腰站立，腹部收紧，腰背挺直。两条腿伸直，右脚脚尖靠在踏板（或其他合适的物体，如台阶、墙角等）上，脚跟着地。

2. 身体微前倾，重心前移，保持双腿伸直状态，至前腿小腿肌群有中度拉伸感，保持规定时间。恢复起始姿势，两侧交替进行，完成规定次数。

1

2

第 3 章
篮球基础技术

3.1 基本姿势

教学重点 让学生熟练掌握篮球基本姿势的动作概念与要领，能够在进行篮球运动时保持正确的运动姿势。

教学难点 应该在所有的训练中都强调基本姿势，让基本姿势成为球员在做技术动作时的一个习惯。

持球姿势

姿势教学

连续加强对这种姿势的训练，能够慢慢培养球员正确的持球习惯。

双手持球放于胸前。双脚与头部形成一个稳定的三角形，头部处于中立位。

背部挺直，不要弓背。

手指张开，掌心相对，持球于胸前。

双脚分开且基本平行，脚尖略向外展。

POINT 动作要点

■ **身体保持平衡、稳定**
背部挺直，上半身稍微前倾，重心在两腿之间。头部位于双膝间正上方，不要前伸或后仰。屈膝，呈低重心姿势。

三威胁姿势

三威胁姿势是一个非常重要的持球姿势。球场上，球员常用这个姿势作为投篮、运球或传球的启动姿势。

姿势教学

用惯用手持球，辅助手护球，将球放在身前，与腰部齐平。

屈髋屈膝屈肘，降低身体的重心，使身体处于可随时发力的状态。

双脚分开，与肩同宽，脚尖略向外展，随时准备投篮、传球或运球。

错误姿势

身体站立过直，双手持球位置过高，球与身体的距离较远，容易被对手抢断。

POINT ▶ 动作要点

■ **护球为主**

将球置于身前腰部位置，用身体和辅助手保护篮球，以避免被对手抢断，从而提高后续得分的成功率。

■ **速度与姿势**

球场上，速度十分重要。保持屈膝屈髋和屈肘的姿势，使所有关节处于待命状态并随时准备运动。

防守姿势

防守的目的在于干扰对手的正常发挥。球员掌握基本的防守姿势，训练腿部力量并形成较强的观察力，可以更大限度地向对手施压，实现高质量的防守。

姿势教学

屈髋屈膝，增强身体的稳定性，从而可以灵活应对对手的各种动作。
加大双脚之间的距离，降低重心，保持身体稳定。

POINT 动作要点

■ **用全身来阻挡**

手臂抬起，高手防止对手投篮，低手防止对手低位传球。同时加大双脚间的距离，目光紧随对手，对其形成全方位的压迫，提高对手犯错的概率。

姿势变化

● 正视图

● 侧视图

● 斜视图

当对手开始运球时，防守姿势也要进行相应的变化。双臂变为左右张开，以防止对手从身体左右两侧传球或突破。身体正面迎向对手，双脚略平行，便于贴近对手，从而跟随对手进行防守。

3.2 护球动作

教学重点 使球员通过训练，可以在比赛中灵活控制球的位置，防止对方球员抢夺篮球。

教学难点 提高眼、手、身体的协调性控球能力，加强左右移动篮球时身体的稳定性。

姿势教学

球员先在胯部两侧移动球，然后在肩部两侧移动球。

1. 双脚分开至略比肩宽或与肩同宽，屈膝，重心下移。双手掌心相对，将球置于胯部右侧。

2. 双手持球，将球移动至右肩处，双脚保持不动。

3. 将球移动至左肩处，双臂屈肘，双手掌心相对。

4. 将球向左下方移动，注意不要低头看球，将球移动至胯部左侧。

POINT 动作要点

■ 防止对方球员抢夺篮球

两手在胸前持球是基本姿势，但是球一直放在胸前容易被对方球员抢夺，为了防止这一情况发生，球员必须要学会护球动作。

3.3 向上挑球

教学重点 让学生熟练掌握双手向上挑球的动作，提高接抛球的准确率。

教学难点 手指、手腕要自然放松，避免僵硬，掌握挑球时手腕和手指"拨动"发力的感觉。

姿势教学

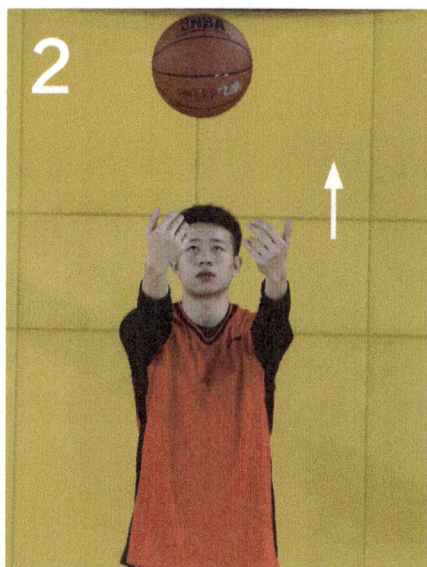

1~2. 双手持球，向上挑球，让球超过头顶，球回落时用双手接住。重复训练。

POINT 动作要点

■ 手腕和手指的拨动感
眼睛注视篮球，双手手指自然分开，充分接触篮球；用手臂将篮球托起，并用手腕带动手指将篮球向上"拨"出。

向上挑球训练可以使球员体会手腕灵活转动并发力抛球的过程。向上挑球时，尽量使篮球垂直向上抛出，这样能增强手腕和手指的控球能力。

3.4 盘球

教学重点 让学生逐渐拥有"球感"，提升对篮球进行控制的熟练程度，并进一步增强身体对篮球的支配能力。

教学难点 在进行盘球练习时，要在不让篮球触碰到自己身体的同时，逐渐加快盘球速度。

颈部盘球

盘球是常见的球感训练，主要训练手部的控球能力。球员进行颈部盘球时，应手持篮球，使其在颈部四周以画圆圈的方式移动。

姿势教学

1. 双手持球，放于腰前。
2. 右手持球，将球向头后方移动。
3. 将球传至头后方后，用左手接住球。
4. 左手持球，将球向胸前移动。
5. 回到起始姿势。

POINT 动作要点

■ **快速、稳定**

这项训练需要顺、逆时针交替练习，并逐渐加快盘球速度。球员在盘球过程中要感受球的大小和重量，尽量不要让球碰到头部，同时头部也不要晃动，保持身体稳定。

躯干盘球

球员进行躯干盘球时，应手持篮球，使其在腰部四周以画圆圈的方式移动。

姿势教学

1. 双手持球，放于腰前。

2. 右手托住球，将球向腰后方移动。

3. 将篮球移至腰后方后，用左手接住球。

4. 左手托住球，将球向腰前移动。

5. 回到起始姿势。

POINT 动作要点

■ 快速、稳定

这项训练也需要顺、逆时针交替练习，并逐渐加快盘球速度。球员在盘球过程中要保持身体稳定，不要前后晃动。从前向后盘球时，接球手要从抓住球逐渐变成托住球。通过快速连续的训练，球员可以增强球感。

膝部盘球

球员进行膝部盘球时，应手持篮球，使其在膝关节四周以画圆圈的方式移动。

姿势教学

1. 双手持球，放于膝关节前。

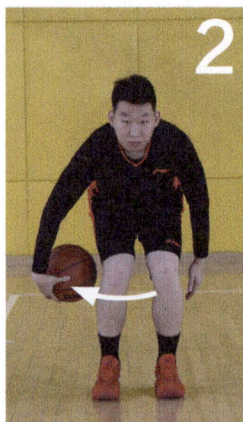

2. 右手托住球，将球向膝关节后方移动。

3. 将球移至膝关节后方后，用左手接住球。

4. 左手托住球，将球向膝关节前方移动。

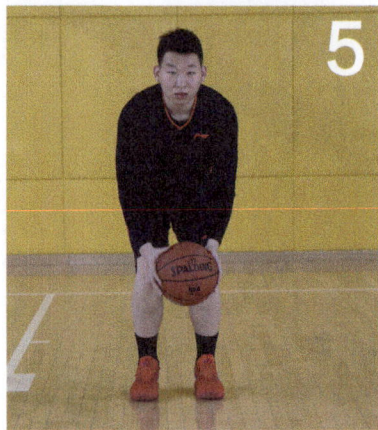

5. 回到起始姿势。

POINT ▶ 动作要点

■ **快速、稳定**

这项训练需要顺、逆时针交替练习。球员在盘球过程中要尽量降低身体重心，以便盘球，且身体不要大幅度地晃动，应保持身体稳定。

3.5 基本运球

教学重点 让学生熟练掌握原地运球的动作要领。

教学难点 控制运球时篮球的落点以及手腕的发力方向，加强身体的协调配合和控球能力。

姿势教学 运球是球员必须掌握的技能。一个出色的球员，可以通过运球，找到投篮机会或者摆脱防守，创造更好的得分机会，使自己的球队处于有利位置。

降低身体重心，保持身体弯曲。

运球手手腕弯曲呈90度，非运球手注意护球。

双脚分开，保持身体稳定，运球时身体不要晃动。

POINT 动作要点

■ 培养球感
手以不同的力度发力，感受球回弹时的不同幅度。运球时尽量用余光去找球，而不是直视球。

■ 保持运球
在有清晰的判断前，不要停止运球，尽量避免失球。

1. 手肘伸直，大力运球。

2. 手指指尖迎球。

3. 接球时手腕弯曲，减缓球回弹的冲力。

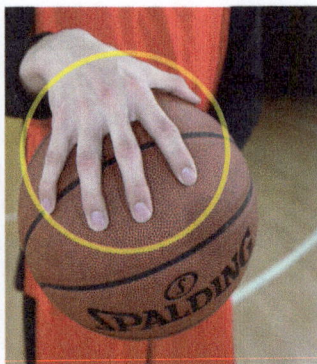

4. 运球时，尽可能地张开手指，这样才能够最大限度地控制好球。

POINT 动作要点

左右皆可运球

不同球员有不同的强侧手和弱侧手，习惯右手运球的球员，右手就是其强侧手。球员在训练中要着重训练弱侧手，使双手在运球时有同样的熟练度。

● 左手运球

3.6 侧滑步

教学重点 让球员掌握侧滑步动作，提高防守意识。

教学难点 球员在进行侧滑步训练时要控制身体的稳定性，使身体重心始终在两腿之间。

姿势教学 球员防守时，移动双脚的姿势主要分为两种，一种是移动速度较慢的"侧滑步"，另一种是移动距离远且速度较快的"交叉步"，球员应根据实际情况选择这两种步伐。

POINT 动作要点

■ 身体舒展

双臂张开，上半身保持防守姿势。移动过程中切忌重心上下移动。双腿不要并拢，尽量用较快的步伐跟随对手，进行防守。

一只脚蹬地发力，另一只脚平行向外跨步。

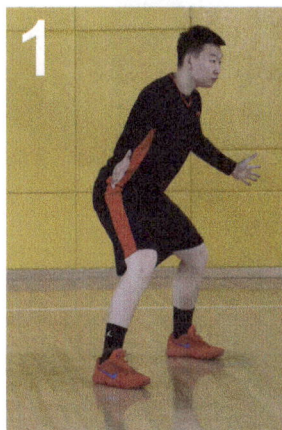

1. 保持低重心，准备向身体的右侧跨步。

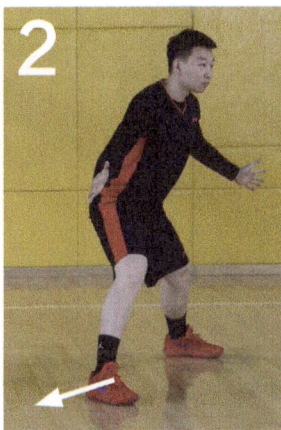

2. 左脚发力蹬地，同时右脚向外跨步。

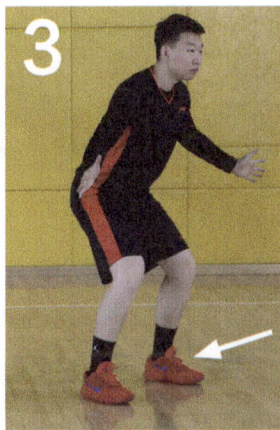

3. 快速将左脚向右移动，恢复防守姿势。

3.7 交叉步

教学重点 让球员熟练掌握交叉步的动作要点，并在防守中熟练运用该项技术进行有效防守。

教学难点 中轴脚的转换，移动脚蹬地发力的时机。

姿势教学

双臂张开，上半身呈防守姿势。仔细观察对手，将对手的运球方向作为目标，将自己不跨步的一只脚作为中轴脚（如左图中圈注脚）。身体在跨步时仍要保持较低的重心。

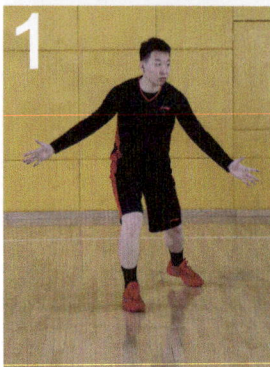

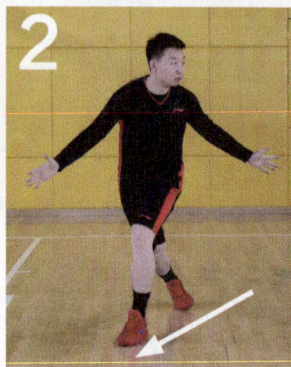

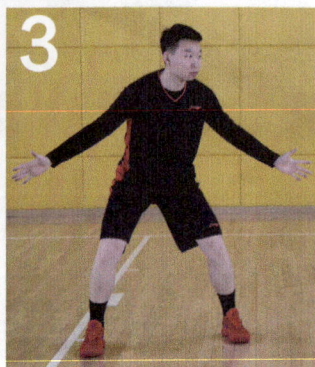

1. 将身体的重心放在右脚上。

2. 左脚交叉跨大步。

3. 身体跟随对手的运球路线移动，做到提前防守。

POINT 动作要点

■ 注意观察、预判

在需要长距离跑动防守时，球员应选择交叉步，身体要跟随对手的运球路线移动。所以，必要的观察、预判十分重要，球员要做到提前防守，以提高防守的成功率。

3.8 转身

教学重点 让学生在转身时保持身体动作的连贯性，尤其是脚步的连贯性。

教学难点 球员转身后注意保持身体与篮球的稳定性。

90 度转身

姿势教学 持球时，学生快速转身能够获得持球突破的空间；无球时，学生快速转身能够获得较好的篮下位置。

前转身

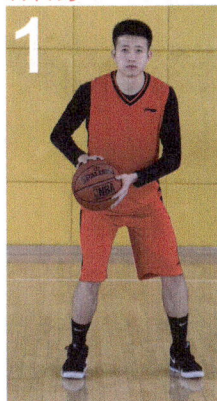

1. 呈三威胁姿势。

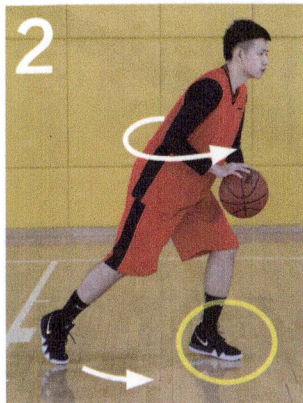

2. 以左脚为中轴脚，右脚为旋转脚向前转身。

3. 完成 90 度前转身，身体面向左侧。

后转身

1. 呈三威胁姿势。

2. 以左脚为中轴脚，右脚为旋转脚，向后转身。

3. 完成 90 度后转，身体面向右侧。

180 度转身

前转身

180 度前转身（以左脚为中轴脚）的转动角度虽然与 90 度前转身不一致，但其技术要领与 90 度前转身是一致的。转动角度增加时，中轴脚需要更稳定。在转动速度快的情况下，保持平衡也十分重要。180 度前转身需要球员具有较强的爆发力。

后转身

180 度后转身（以右脚为中轴脚）对身体的平衡、稳定要求较高，对于角度较大的后转身，球员要多加练习。后转时，为了提高转动速度，可用旋转脚同侧的手臂引导转身。

POINT 动作要点

■ 以中轴脚为轴转身

要达到快速转身的效果，球员需要尽量降低重心，并以中轴脚的脚掌为轴，旋转脚脚后跟及旋转脚脚掌用力，进行后转或前转。

3.9 传接球

教学重点 使球员体验并能掌握正确的传接球姿势。

教学难点 传球的准确度与接球的成功率。

传球要点

姿势教学 传球的目的有两个：一是球员通过高质量的传球为队友创造出有利的投篮得分机会；二是个人运球太久会有被抢断的可能，多人传球可以实现持续控球，从而掌控整场比赛。球员之间熟练传球，也可以减少被断球的可能。

微屈膝，将球拉向身体。传球时身体重心前移，一侧脚向前跨步，保持身体平衡。

POINT 动作要点

■ 掌握正确的传球姿势

正确的身体姿势是成功传球的基础。要注意的是，空中传球一定要尽量保持球走直线，防止被断球。球员传球时，可以向前跨步，用跨步后的稳定姿势来承担传球时产生的力，保持身体平衡。

传球线路

被防守球员防守时，传球的线路就十分重要。右图中有 4 个突破防守的点位，优秀的防守球员可以同时阻挡其中两个。仔细观察防守球员，配合假动作来传球，可以提高传球的质量。

传球原则

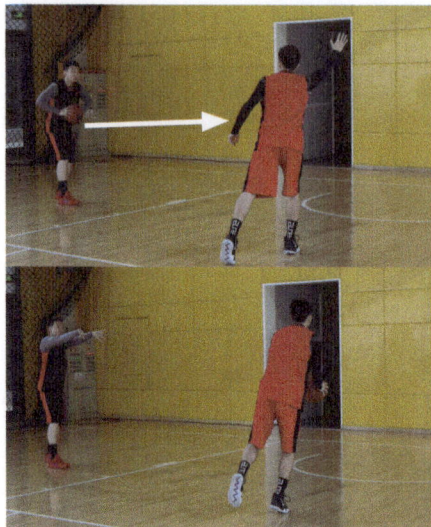

精准传球

熟悉队友的强弱点，进行精准传球，提高后续投篮的成功率。

预先判断传球

队友之间默契配合，将球预先传向队友将要跑向的位置。注意根据距离确定传球的力度，防止失误。

传到远离防守球员的位置

在队友被严密防守的时候，要抓住时机，将球传到远离防守球员的位置，使队友有机会接到球。

传球给身旁无防守球员的队友

有防守球员时，传球失误的概率会增加，所以要观察场上的情况，把球优先传给身旁无防守球员的队友。

接球姿势

姿势教学 球员在无人防守或处于有利位置时，需要提醒队友传球，通常高举双手示意自己准备接球。接球的原则有两个：一是需要迎球跑动，二是创造机会尽量双手接球。

双手接球

目视球。

球场上，双手接球是一个可以提高接球成功率的好习惯。

降低身体重心，但不要弯腰。

双手前伸，迎着球来的方向。

屈膝，保持身体稳定。

POINT 动作要点

■ 面向球

球员接球时要面向球，双手置于胸前，手指放松，迎着球来的方向。有防守球员时，要迎着球的方向跑动。

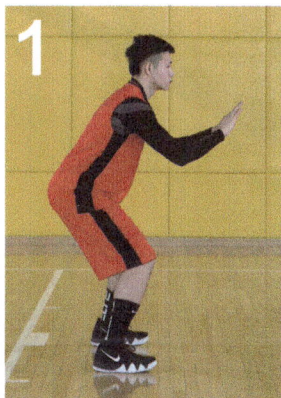

1. 双脚平行分开，双手置于胸前。

2. 向前伸直手臂接球，眼睛紧盯着球，直到接到球。

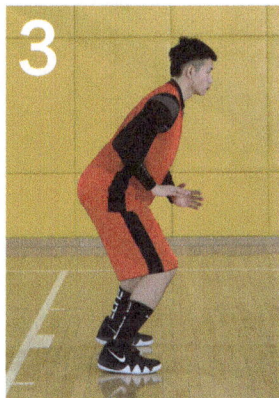

3. 接球后将球置于身前，通常呈三威胁姿势。

腰部以下位置接球

伸直手臂接球。

队友传来的球的位置在腰部以下时，可以单手接球，然后再快速将球移动到安全位置。

头上位置接球

在头上位置，接到队友传来的高空球后，手臂在身侧画弧线，将球移至腰部。

手臂高举，等待接球。

目光跟随传球球员，紧盯着球。

高举手臂，同时配合向上跳跃或者跨步，将队友传来的高空球接住。向下移动球时要在身侧画弧线，直线移动球容易被防守球员断球。

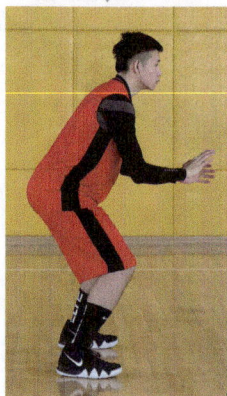

3.10 胸前传球

教学重点 使球员掌握胸前传球的动作要领，做到准确传球。

教学难点 传球时手腕的翻动。

姿势教学 胸前传球是很常见的传球方式，应用范围广，在没有防守球员或攻守转换快速前进时经常会用到。胸前传球速度快，力度大，而且准确度高。

1. 双手持球置于胸前，手肘微微内收。

翻动手腕，
使掌心向外，
拇指向下

向前跨步

2. 发力时向前跨步，把球以直线向前推出。

持球时，双手放在球的微靠后的位置。

POINT 动作要点

■ 全身配合发力传球

胸前传球不只有上半身发力，还要配合下肢的运动；下肢蹬地、向前跨步可以加大传球的力度，从而增加传球距离。

3.11 击地传球

教学重点 使球员熟练掌握击地传球的动作要领。

教学难点 传球击地点要准确。

姿势教学 身旁有防守球员时，球员可以使用击地传球来使球从防守球员的手臂下方穿过，使队友获得接球机会。

1

2

翻动手腕，使掌心向外，拇指向下

向前跨步

1. 双手持球置于腰部，手肘微微内收。

2. 发力时向前跨步，把球向地面推出。

POINT 动作要点

■ 注意传球击地点

击地传球时，球通过地面反弹到接球队友的手中，所以这种方式下的传球速度没有直线传球的传球速度快。球员在进行击地传球时，要注意击地点的选择：若击地点离接球队友太远，球的反弹时间长，容易被抢断；若击地点离接球队友太近，球反弹的高度可能不够，会影响接球的效果。

3.12 头顶传球

教学重点 使球员掌握头顶传球的动作要领，尤其是手腕与手指的动作。

教学难点 传球时力量、速度的控制，保持直线传球。

姿势教学 头顶传球是从头上高点传球，面对贴身防守或者防守球员较高时可以使用。如果接球队友在篮下有不错的位置，也可以使用头顶传球，将球传到篮下。

1 球在头上方

2 掌心向外，拇指向下

向前跨步，加大力度

1.双手持球置于头上方，手肘微微内收。

2.发力时把球从头上方向前直线推出。

POINT 动作要点

■ **不要将球置于脑后**

头顶传球时，要将球置于头上方，不要从脑后传球，否则会导致重心不稳，甚至球可能被对手从身后抢断，同时也不容易传出直线球。传球时要使用直线传球，不要高空抛球，否则球的传递速度慢，容易被断球。

3.13 单手传球

教学重点 使球员掌握单手传球的动作要领，做到准确传球。

教学难点 跨步与传球时机的配合。

姿势教学 在有防守球员严密防守时，球员可以以单手传球的方式配合跨步，从防守球员身体的一侧将球传出。在应对近距离的贴身防守时，单手侧传球十分有用。

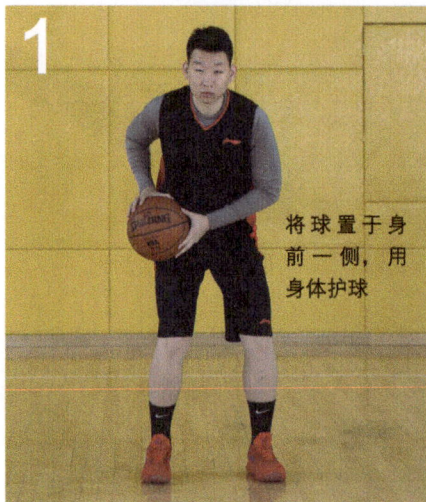

将球置于身前一侧，用身体护球

传球手的手指向下，掌心向后

向前跨步

1. 呈三威胁姿势，传球手持球后侧，非传球手轻扶着球。

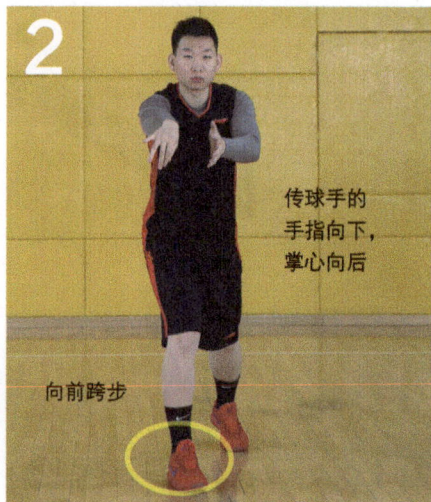

2. 向前跨步，绕至防守球员一侧，用远离防守球员一侧的传球手发力，将球以直线向前推出。

POINT 动作要点

■ 不要将球移到身后

球员在进行单手侧传球时应把球置于身体一侧，但注意不要将球移到身后，因为这样不仅会增加传球时间，还容易被断球。单手侧传球的目的是绕过防守球员从一侧传球，所以训练时，左右手的熟练度同样重要。

3.14 双手投篮

教学重点 使球员掌握双手投篮的动作要领，进一步体会手腕翻动与手指拨动的感觉。

教学难点 全身由下至上依次用力投篮。

姿势教学 双手同时发力进行投篮，就叫双手投篮。

双手手指向外，手背相对

1.双手持球，置于身前，微微屈膝，目视篮筐。球在身体中间，投篮时双手用力程度相同。

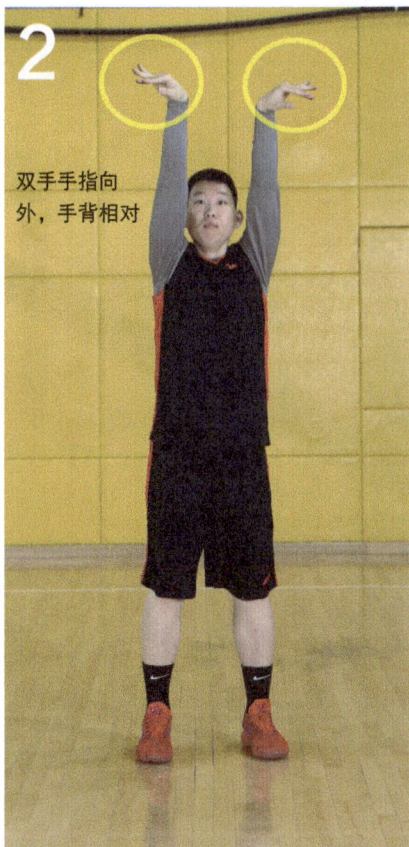

2.双手向上举起球至手臂伸直，然后将球投出。

手指拨动，篮球后旋

1. 面向篮筐站立，目视篮筐，微微屈膝，双手持球置于身体中间。

2. 将球投出后要关注球的运动轨迹，保持手臂的跟随动作，直到球落入篮筐。

POINT 动作要点

■ 提高熟练度

双手投篮的出手点较低，容易被防守球员盖帽。球员在训练时，接球后动作要连贯，快速且稳定地出手，以提高命中率。

■ 全身协调用力

投篮时蹬地、伸臂、翻腕、拨指动作，由下至上依次用力。

3.15 跳投

教学重点 使球员掌握标准跳投的动作要领，将跳与投自然地结合起来。

教学难点 跳投时的重心控制、手上动作和出手节奏。

姿势教学 跳投是非常常见的投篮方式，双脚起跳可以保证身体的稳定性。训练时手和手臂的姿势要正确，保持一定的节奏，多加练习以提高命中率。

1. 双手持球，置于身前，双脚分开，面向篮筐。
2. 将球向上举起，置于头上方。
3. 向上跳的同时手臂伸展，跳至最高点时手腕发力，将球投出；保持手臂姿势，落地。

POINT 动作要点

■ **手肘向内倾斜**

将球高举时，投篮手的手肘要尽量向内倾斜，使手腕在投篮线上；手指张开托住球，保证直线投篮，以提高命中率。

POINT 动作要点

■ 抛物线轨迹

投篮时，出手点尽量高一些，手腕发力使球从食指和中指处离开。球离开手后向后旋转，在空中的运行轨迹呈抛物线，然后落入篮筐。

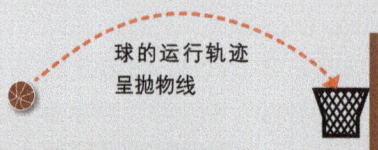

球的运行轨迹呈抛物线

■ 直线投篮

瞄准篮筐上方一点，出手点、篮筐和眼睛在一条直线上，笔直地将球投出后；投出后盯住篮筐，直到球落入篮筐。

■ 90度

投篮手在球底部托住球，手掌与手臂呈90度。

非投篮手轻扶着球，该侧手投篮时不要发力

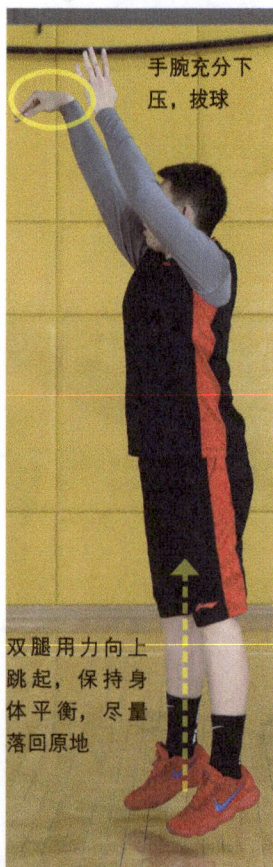

手腕充分下压，拨球

屈膝，为起跳蓄力

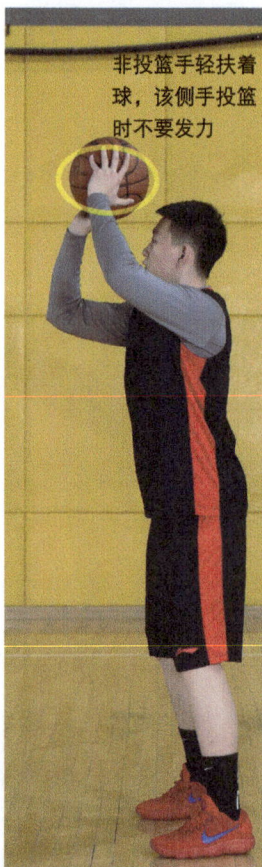

双腿用力向上跳起，保持身体平衡，尽量落回原地

投篮时，要保持一定的节奏。训练时，要训练上肢和下肢的协调性。向上跳起后，在最高点出手，防止被防守球员盖帽。出手后的跟随动作要持续到双脚落地，直到球落入篮筐。

3.16 三步上篮

教学重点 使球员掌握三步上篮的动作要领，尤其是身体腾空时对平衡的控制。

教学难点 行进和上篮时的动作衔接、身体控制和出手节奏。

姿势教学 切入篮下时常用上篮这种投篮方式，而跑步上篮就是俗称的三步上篮。三步上篮指在最后几步加速，将冲力转化为向上的力，最后起跳投篮。

非投篮手抬起护球

1. 加速运球，执行上篮动作，快速跨出第 1 步。

2. 持球于身前，继续向前顺势跨出第 2 步，目视篮筐。

3. 单手将球高高举起，同时投篮手对侧脚起跳，至最高点时，手指发力将球投出。

POINT 动作要点

■ 对侧脚起跳

球员在进行三步上篮时，要用距离防守球员较远的手投篮，并用投篮手的对侧脚起跳。为了更好地将冲力转化为向上的力，最后一步的步伐要小一些。

■ 高手上篮

投篮时，手持球的后底部。出手时，手指发力把球往前推，使球后旋。

第4章

篮球组织训练方法

在训练过程中，教师可以组织小型的组间比赛来提高学生的训练兴趣和注意力。分组时，要注意将水平相近的学生尽量分在一组，一轮训练之后可以调整分组，以保持学生的新鲜感，调动学生的积极性。整个训练环节时长建议控制在 16 ~ 25 分钟之间，其间，教师可灵活调整教学内容，如根据需要增加技术动作讲解等。在组织训练中，教师要时刻关注学生的安全，提醒学生集中注意力，以避免受伤。

4.1 攻防模拟

组织方法

在篮球场中，2 名学生相向而站。1 名学生持球。

👤 人数不限，按照 2 人 1 组分组进行

⏱ 16~25 分钟

🏀 篮球

训练步骤

1. 教师组织学生分组并讲解游戏规则。

2. 学生两两分组，1 人进攻，1 人防守。进攻方分别随机摆出持球姿势和三威胁姿势，防守方采用防守姿势进行防守。

3. 若防守方在 2 分钟之内将进攻方的球拍掉，则防守方获胜，否则为进攻方获胜。

4. 防守方将球拍掉或时间达到 2 分钟，则攻防交换，此为 1 组，共进行 4~6 组。

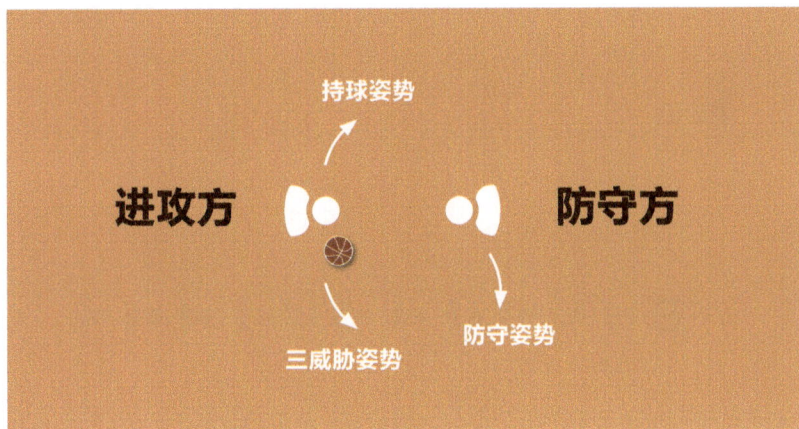

训练要点

在学生熟练掌握 3 种基本姿势的基础上，提升学生的反应能力。

4.2 通过检验

组织方法

在篮球场中，学生排成 2 列人数相等的纵队。每组选出 1 名学生站在对方球队前。

👤 分为人数相等的 A 组和 B 组

⏱ 16~25 分钟

🏀 篮球

训练步骤

1. 将学生平均分成 2 组，成纵队站好，并为每组设置一名阻碍者。

2. 每组第一名学生手持一个篮球，在老师发布开始指令后，在有阻碍者干扰的情况下，完成 1 次护球动作，成功完成后，将球传给下一名学生，并跑向阻碍者的身后，若被阻碍者抢断，则跑向己方队尾，继续游戏。

3. 率先全部成功完成的小组获胜。

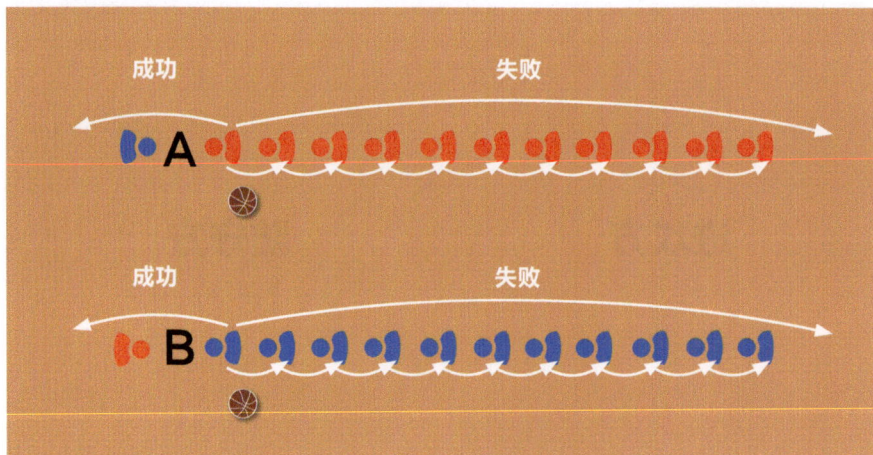

训练要点

训练学生利用身体姿势的快速变化和假动作躲避阻碍者的干扰。

4.3 挑球接力赛

组织方法

在篮球场中，学生排成 2 列人数相等的纵队。

- 分为人数相等的 2 组
- 16~25 分钟
- 篮球

训练步骤

1. 将学生平均分成 2 组，成纵队站好，学生之间前后保持约一手臂长的距离。

2. 每组第一名学生手持一个篮球，在老师发布开始指令后，连续完成 3 次向上挑球的动作（若中间有失误，则要重新开始），成功完成后，将球传给下一名学生，并跑向队尾。

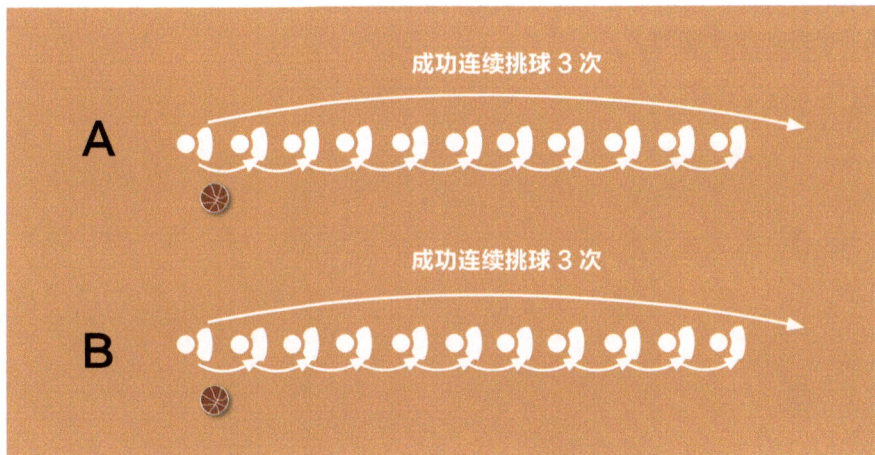

3. 率先完成的小组获胜。

训练要点

训练学生控制翻腕和拨动手指的力量，提高接抛球的准确率。

4.4 三环绕比赛

组织方法

在篮球场中，学生排成 2 列人数相等的纵队。

👤 平均分成 2 组

⏱ 16~25 分钟

🏀 篮球

训练步骤

1. 将学生平均分成 2 组，成纵队站好，学生之间前后保持约一手臂长的距离。

2. 每组第一名学生手持一个篮球，在老师发布开始指令后，连续完成 3 次颈部盘球、3 次躯干盘球、3 次膝部盘球。

3. 第一名学生完成后，将球传给下一名学生。下一名学生也依次完成盘球动作，并传球给下一名学生，余后学生依次完成。

4. 率先完成的小组获胜。

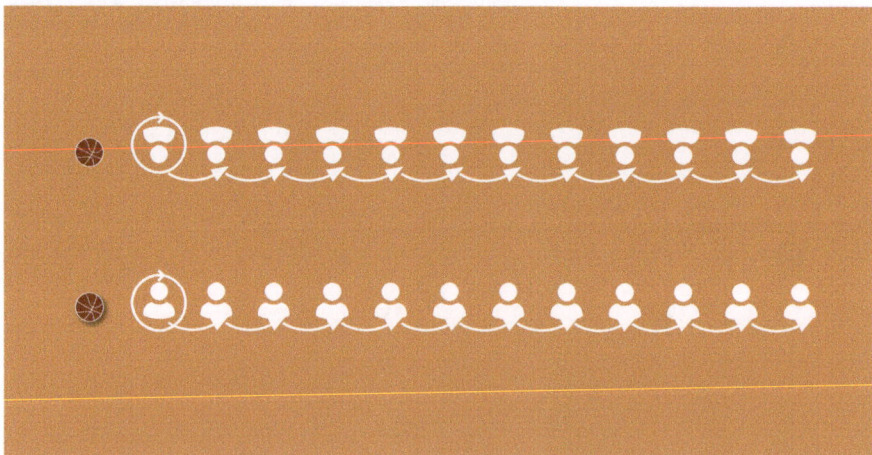

训练要点

训练学生对球的掌控能力，要尽可能逐渐加快盘球速度。

4.5 木头人游戏

组织方法

在篮球场中，学生站在底线上。教师背对学生站在中圈上。

人数不限，可分组进行

不限时

篮球

训练步骤

1. 组织学生持球站在底线，老师背对学生站在中圈。

2. 老师发布开始指令，学生运球向老师逼近，老师则背向大家说"1，2，3，木头人"，每说完一次，则迅速回头，查看是否有学生有脚步移动。

3. 若有学生被老师发现有移动，则要回到起点重新开始；没有被发现的学生，则继续游戏。

4. 有学生碰到老师，则该学生获胜；或游戏进行到 5 分钟时，离老师最近的学生获胜。

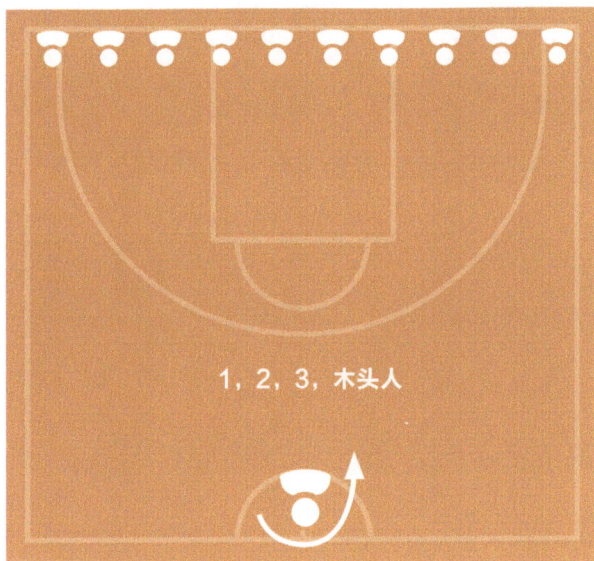

训练要点

训练学生原地运球与行进间运球。行进间运球时，不要直视球，要尽可能用余光去找球。

4.6 突破重围 1

组织方法

在篮球场中，1 名学生站在中圈内，4 名学生围绕中圈站立。

👤 5 人 1 组分组进行

⏱ 16~25 分钟

🏀 篮球

训练步骤

1. 将学生分成 5 人 1 组，每次由 1 组学生进行训练。

2. 1 名学生持球站在中圈内，另外 4 名学生绕中圈站立。

3. 老师发布开始指令，中圈内的学生运球突破出圈，另外 4 名学生则沿着中圈向一个方向侧滑步防守，且防守者不可以进入圈内。

4. 若 1 分钟内，中圈内的学生未被抢断并成功突破，则突破者获胜，否则防守者获胜。

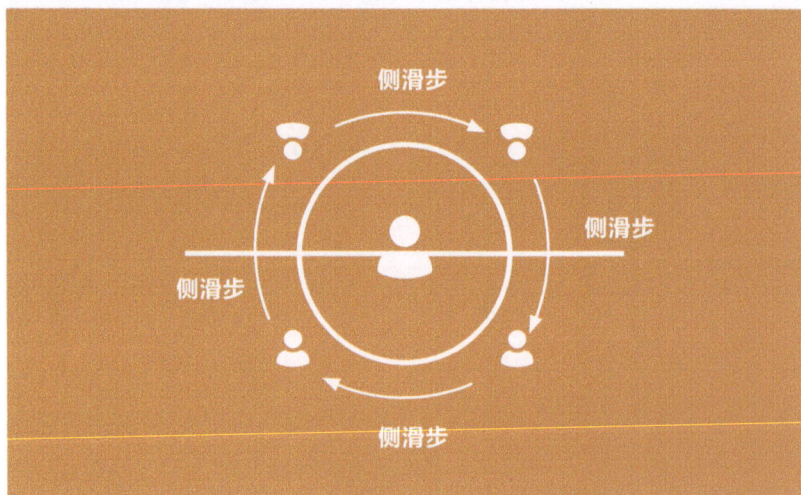

训练要点

训练学生对侧滑步动作的掌握，在做侧滑步的同时手臂动作同时进行，提高防守意识。

4.7 突破重围 2

组织方法

👤 5 人 1 组分组进行

在篮球场中，1 名学生站在中圈内，4 名学生围绕中圈站立。

⏱ 16~25 分钟

🔲 无

训练步骤

1. 将学生分成 5 人 1 组，每次 1 组学生进行训练。

2. 1 名学生站在中圈内，另外 4 名学生绕中圈站立。

3. 老师发布开始指令，中圈内的学生突破出圈，另外 4 名学生则沿着中圈向一个方向交叉步防守，防守者需要根据老师的指令随时调整移动方向，且防守者不可以进入圈内。

4. 在突破过程中，若突破者被防守者碰触到任何部位，则突破失败，并要与其中一名防守者交换角色，重新开始游戏。

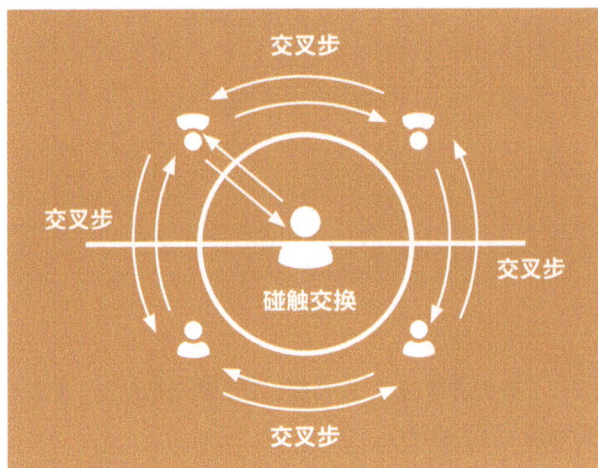

训练要点

训练学生对不同方向交叉步动作的掌握，完成交叉步的快速方向转换，提高防守技巧。

4.8 转身运球接力

组织方法

👤 分人数相等的若干接力队，每队平均分 2 组

⏱ 16~25 分钟

⚖ 篮球

在篮球场中，接力队平均分 2 组站于图形两端。其他队站于图形一侧。

训练步骤

1. 将学生分成人数相等的若干接力队，每队分成 2 组，分别站在图形的两端。

2. 教师发布开始指令，一端第一名学生根据图形运球前进，到达十字格子后，依次完成 90 度前转身、90 度后转身、180 度后转身、180 度前转身，然后再沿着图形运球到对面；到达对面后，将球交给对面的队友；队友接到球后以同样的方式运球返回，继续完成迎面接力。

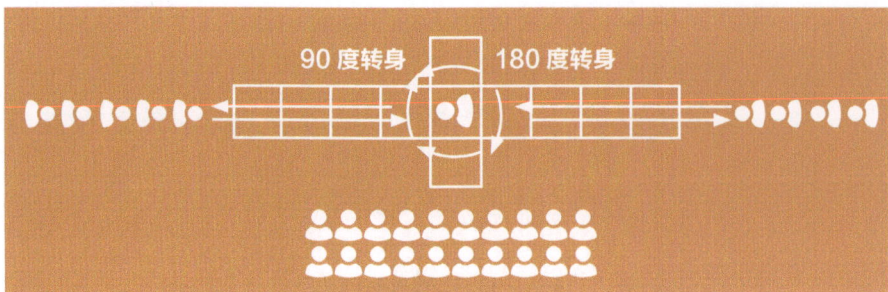

3. 一队完成后，换下一队。

90 度转身　180 度转身

训练要点

让学生进一步熟悉并掌握 90 度转身、180 度转身动作，尤其是要保证脚步的连贯性和转身后继续运球的稳定性。

4.9 传接球比赛

组织方法

在篮球场中，学生排成 2 列人数相等的纵队。每队选出 1 名队长站在队前圆圈内。

👤 分成人数相等的 2 队

⏱ 16~25 分钟

🏀 篮球

训练步骤

1. 将学生分成人数相等的 2 组，各组成纵队站在起始线后，每组设置 1 名学生为队长，队长持球站在对面的圆圈内。

2. 老师发布开始指令，队长将球传给第一名学生。第一名学生接球后，迅速将球传回，并跑向队尾，接着第二名学生向前完成接传球，直至该组的所有学生都成功完成接传球。

3. 率先完成的小组获胜。

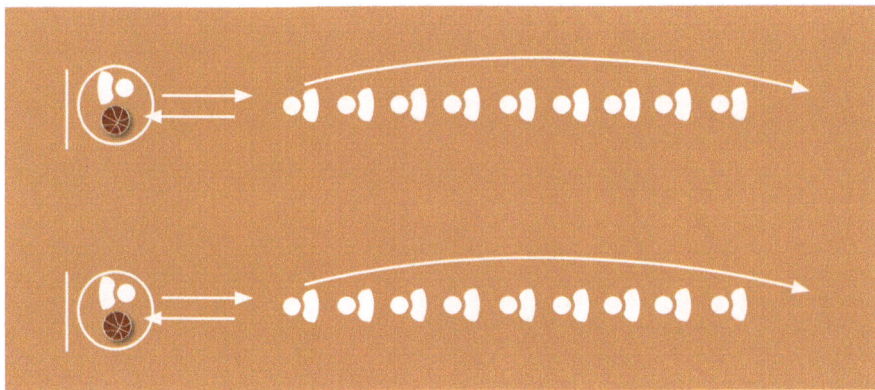

训练要点

训练学生熟练掌握正确的传接球姿势，提高传球的准确度与接球的成功率。

4.10 | 手脚配合

组织方法	👤 2人1组分组进行
在篮球场中，2名学生间隔3米相向而站，1名学生站于敏捷梯一端。	⏱ 16~25分钟
	🏀 篮球

训练步骤

1. 将学生分成2人1组。一名学生站在敏捷梯的一端，另一名学生持球面对面站在距离绳梯2米远的位置。

2. 老师发布开始指令，在敏捷梯上的学生利用敏捷梯练习进行双脚交替进出敏捷梯的灵敏脚步练习，且同步接住并利用胸前传球的技术回传队友的传球。

3. 完成一个来回后，两人互换角色。直至所有的学生都完成训练。

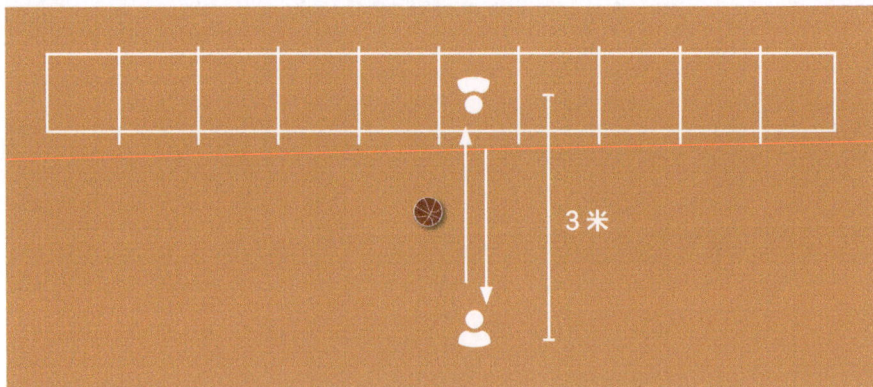

3米

训练要点

训练学生手脚配合协调一致，灵活运用胸前传球技术进行传接球。

4.11 标志桶之间传接球

组织方法

在篮球场中，学生排成 2 列人数相等的纵队。2 人 1 组站于标志桶两边。

👤 2 人 1 组分组进行

⏱ 16~25 分钟

🏋 篮球、标志桶若干

训练步骤

1. 将学生分成 2 人 1 组，分别站在标志桶的两侧。

2. 教师发布开始指令。位于标志桶一侧的 A 学生边侧身跑边击地传球给 B 学生；B 学生接到球后，边侧身跑边双手胸前传球给 A 学生，2 人重复进行。到达折返点后，2 人互换位置与传球方式继续练习，回到起点交给下一组同学。

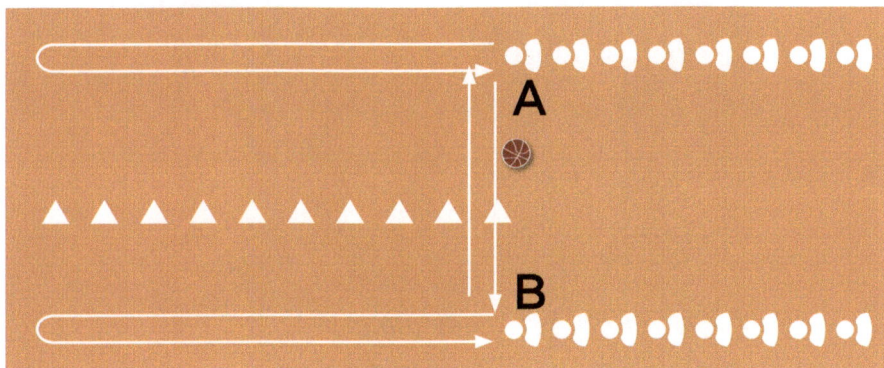

3. 直至所有学生完成，训练结束。

训练要点

进一步掌握行进间击地传球和双手胸前传球动作，在跑动中稳定准确地进行传接球。

4.12 遛猴

组织方法

👤 3 人 1 组分组进行

⏱ 16~25 分钟

🗑 篮球

在篮球场中，2 名学生站在中圈上，1 名学生站在中圈内。

训练步骤

1. 将学生分成 3 人 1 组，某中 1 人站在中圈内，另外 2 人站在中圈外。

2. 教师发布开始指令。2 名学生站在中圈上，相互用头顶传球的方式进行传接球，位于中圈内的学生在中间防守。防守者成功碰到谁传出的球就和那名学生互换角色。

3. 5 分钟时间到，训练结束。

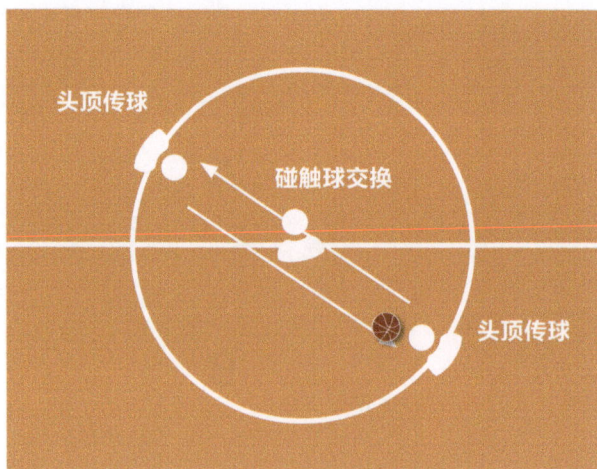

头顶传球

碰触球交换

头顶传球

训练要点

进一步掌握在有防守下的头顶传球动作。

4.13 传送

组织方法

在篮球场中，5 名学生按照地面标志站成折线形。

👤 5 人 1 组分组进行

⏱ 16~25 分钟

🏀 篮球、标志桶

训练步骤

1. 将学生分成 5 人 1 组，共按照图示站好。

2. 教师发布开始指令。第 1 名学生迅速以击地传球的方式将球传给第 2 名学生，第 2 名学生以单手侧传球的方式再传给第 3 名学生，第 3 名学生以胸前传球的方式再传给第 4 名学生，第 4 名学生以头顶传球的方式传给第 5 名学生，第 5 名学生接到球后将球举过头顶，该组结束。

3. 所有组学生都完成练习后，游戏结束。

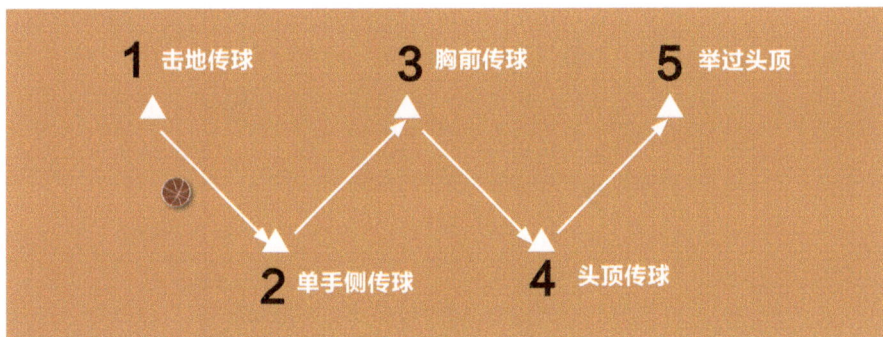

训练要点

训练学生熟练应用各种传球动作进行传接球练习，注意全身协调用力。尤其是单手侧传球，需要跨步和引球同步进行。

4.14 投篮 21 分

组织方法

篮球场中，学生排成 5 人 1 组的横队。

👤 5 人 1 组分组进行

⏱ 16~25 分钟

🏀 篮球

训练步骤

1. 将学生分成 5 人 1 组，并按图示站好。

2. 教师发布开始指令。第 1 组学生依次在投篮点 1 进行双手投篮，投中得 2 分，未投中但抢到篮板球直接上篮，进球得 1 分；直到得够 21 分，换下一组继续进行。

3. 所有组得够 21 分后，在下一投篮点继续。以此类推，所有组完成 5 个点的投篮后，游戏结束。

训练要点

训练学生进一步掌握投篮技法，提高命中率；在训练中培养学生争抢篮板球的意识。

4.15 面对面投篮

组织方法

在篮球场中，学生排成 2 列人数相等的横队。2 列学生间隔 3 米面对面站立。

👤 2 人 1 组分组进行

⏱ 16~25 分钟

🏀 篮球

训练步骤

1. 教师发布开始指令。

2. 队列第 1 名学生持球以跳投的方式将球投向对面的学生，要求篮球直线运行。队友接球后，用同样的方式投出篮球，算 1 次。1 组学生成功进行 10 次练习后，将球传给同队列的下一位学生继续练习。

3. 所有学生练习完后，训练结束。

3 米

训练要点

帮助学生反复加强身体的肌肉记忆，使投出的篮球能够直线运行；熟练记忆肩膀、手臂和手腕的动作，使投篮动作更加流畅。

4.16 接运后上篮

组织方法

篮球场中，教师持球站在 3 分线上与底线成 45 度角处。1 名学生背向篮筐站在限制区外。

👤 可分组进行

⏱ 16~25 分钟

🏀 篮球

训练步骤

1. 教师发布开始指令。

2. 教师持球站在 3 分线上与底线成 45 度角处，将球传给内线学生，内线学生接球后，三步上篮，擦板投篮后排到队尾。下一名同学跑至限制区外准备接球，重复前一名学生的训练方法继续训练。

3. 直到所有学生训练完后，游戏结束。

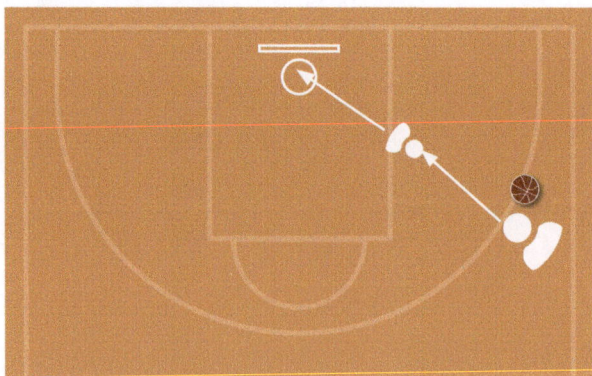

训练要点

巩固接球、运球、上篮技术，提高各个动作的衔接，提高熟练度。注意脚步动作的节奏感和协调性。

第 5 章

课程组织方案

第 1 课

- **教学目标** 帮助学生熟练掌握篮球基本姿势的动作概念与要领，使其能够在进行篮球运动时保持正确的运动姿势
- **教学重点** 篮球基本姿势
- **器材准备** 篮球、训练垫或瑜伽垫

A. 热身活动 按顺序和要求完成以下 6 个动作　⏱ 8~10 分钟

	动　作	重复次数 / 保持时间 / 行进距离	页　码
1	开合跳	30 次	详情见 P14
2	站姿股四头肌拉伸（动态）	10 次（左右算一次）	详情见 P11
3	十字象限跳	10 次（前后左右算一次）	详情见 P37
4	斜抱腿	10 次（左右算一次）	详情见 P8
5	振臂跳	15 次（左右算一次）	详情见 P21
6	毛毛虫爬	8~10 次 /8~10 米	详情见 P27

B. 技术教学：篮球基本姿势　⏱ 8~15 分钟

持球姿势　**三威胁姿势**　**防守姿势**

1. 讲解并示范 3 种基本姿势。
2. 强调动作要领。
3. 指导学生模仿练习，可以根据人数进行分组练习。
4. 对学生的动作进行点评与纠正。

持球姿势、三威胁姿势、防守姿势：详情分别见 P47、P48、P49

C. 组织训练：攻防模拟　🕐 16~25 分钟

1. 教师组织学生分组并讲解游戏规则。

2. 学生两两分组，1 人进攻，1 人防守。进攻方分别随机摆出持球姿势和三威胁姿势，防守方采用防守姿势进行防守。

3. 若防守方在 2 分钟之内将进攻方的球拍掉，则防守方获胜，否则为进攻方获胜。

4. 防守方将球拍掉或时间达到 2 分钟，则攻防交换，此为 1 组，共进行 4~6 组。

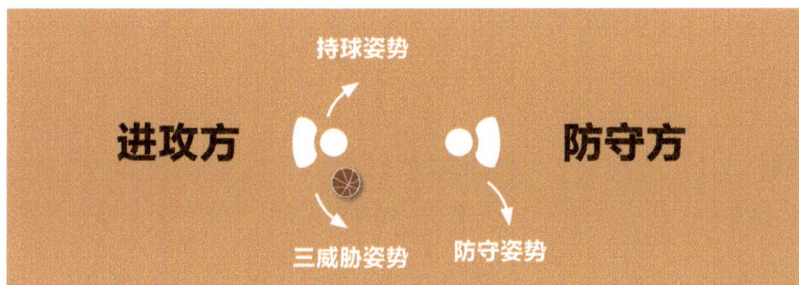

详情见 P75

D. 放松活动　按顺序和要求完成以下 6 个动作　🕐 8~10 分钟

	动　作	重复次数 / 保持时间 / 行进距离	页　码
1	站姿股四头肌拉伸（静态）	左右两侧各 15~30 秒	详情见 P11
2	站立体前屈	15~30 秒	详情见 P44
3	内收肌坐式拉伸	15~30 秒	详情见 P16
4	下犬 –小腿拉伸	15~30 秒	详情见 P35
5	双臂向后伸展上提	15~30 秒	详情见 P17
6	猫狗式	8~10 次	详情见 P23

第 2 课

- **教学目标** 帮助学生掌握在双手持球时的护球动作，培养学生用身体护球的意识
- **教学重点** 护球动作
- **器材准备** 篮球、训练垫或瑜伽垫

A. 热身活动 按顺序和要求完成以下 6 个动作 ⏱ 8~10 分钟

	动 作	重复次数 / 保持时间 / 行进距离	页 码
1	垫步直臂环绕	30 次	详情见 P41
2	斜抱腿	6~8 次（左右算一次）	详情见 P8
3	对侧肘碰膝垫步跳	30 次（左右算一次）	详情见 P12
4	站姿股四头肌拉伸（动态）	6~8 次（左右算一次）	详情见 P11
5	小碎步	10~30 秒 *2 组	详情见 P32
6	最伟大拉伸	6~8 次（左右算一次）	详情见 P26

B. 技术教学：护球动作 ⏱ 8~15 分钟

1. 讲解并示范双手持球时的护球动作。
2. 强调动作要领。
3. 指导学生模仿练习，可以根据人数进行分组练习。
4. 对学生的动作进行点评与纠正。

详情见 P50

C. 组织训练：通过检验　⏱ 16~25 分钟

1. 教师组织学生平均分成 2 组，为各组选出 1 名阻碍者并讲解游戏规则。

2. 教师发布开始指令，每组的第 1 名学生，学生在阻碍者的干扰下完成 1 次护球动作并将球传给下一名学生。成功完成动作者跑向阻碍者的身后，未成功完成动作者跑向己方队尾继续游戏。先完成传球的小组获胜。

3. 教师分组组织比赛可增加训练的娱乐性和对抗性。

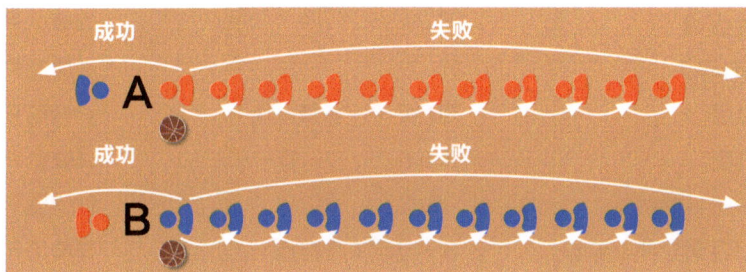

详情见 P76

D. 放松活动　按顺序和要求完成以下 6 个动作　⏱ 8~10 分钟

动　作	重复次数 / 保持时间 / 行进距离	页　码
1　侧卧股四头肌拉伸	左右两侧各 15~30 秒	详情见 P24
2　坐位体前屈	15~30 秒	详情见 P44
3　侧弓步（静态）	左右两侧各 15~30 秒	详情见 P10
4　站立拉伸小腿	左右两侧各 15~30 秒	详情见 P45
5　肱三头肌拉伸	左右两侧各 15~30 秒	详情见 P19
6　跪姿 - 背阔肌拉伸	8~10 次	详情见 P22

第3课

- **教学目标** 帮助学生掌握向上挑球的动作，熟悉手腕、手指的协调发力
- **教学重点** 向上挑球
- **器材准备** 篮球、训练垫或瑜伽垫

A. 热身活动 按顺序和要求完成以下6个动作　⏱ 8~10分钟

动　作	重复次数 / 保持时间 / 行进距离	页　码
1 徒手深蹲	30次	详情见 P30
2 相扑蹲起	15次	详情见 P31
3 蹬山步	30次（左右算一次）	详情见 P29
4 斜抱腿	8~10次（左右算一次）	详情见 P8
5 踝关节八字跳	30次	详情见 P13
6 单腿屈髋拉伸（动态）	8~10次（左右算一次）	详情见 P9

1　**2**　**3**　**4**　**5**　**6**

B. 技术教学：向上挑球　⏱ 8~15分钟

1. 讲解并示范向上挑球的技术动作。
2. 强调动作要领。
3. 指导学生模仿练习，可以根据人数进行分组练习。
4. 对学生的动作进行点评与纠正。

详情见 P51

C. 组织训练：挑球接力赛 ⏱ 16~25 分钟

1. 教师组织学生平均分成 2 组并讲解游戏规则。

2. 教师发布开始指令，每组的第一名学生连续完成 3 次向上挑球动作（若中间有失误，则要重新开始），然后将球传给下一名学生，并跑向队尾。率先完成的小组获胜。

3. 训练中教师可设置惩罚机制，增加训练过程的竞争性。

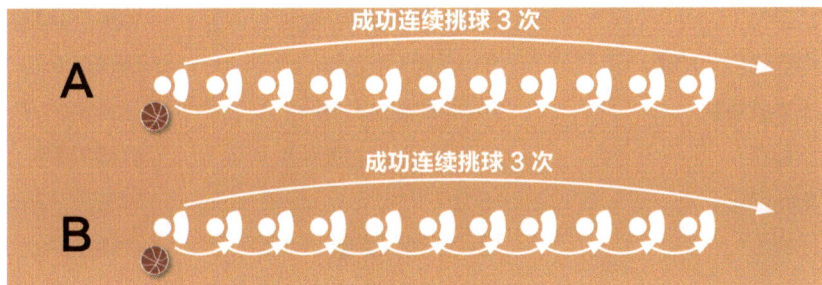

成功连续挑球 3 次
A

成功连续挑球 3 次
B

详情见 P77

D. 放松活动 按顺序和要求完成以下 6 个动作 ⏱ 8~10 分钟

	动 作	重复次数 / 保持时间 / 行进距离	页 码
1	双臂向后伸展上提	15~30 秒	详情见 P17
2	屈伸手腕	左右两侧各 15~30 秒	详情见 P18
3	站姿股四头肌拉伸（静态）	左右两侧各 15~30 秒	详情见 P11
4	单腿屈髋拉伸（静态）	左右两侧各 15~30 秒	详情见 P9
5	4 字拉伸	左右两侧各 15~30 秒	详情见 P25
6	站立拉伸小腿	左右两侧各 15~30 秒	详情见 P45

第 4 课

- **教学目标** 通过盘球使学生更加熟悉篮球，体会篮球运动的乐趣
- **教学重点** 盘球
- **器材准备** 篮球、瑜伽垫或训练垫

A. 热身活动 按顺序和要求完成以下 6 个动作　⏱ 8~10 分钟

	动作	重复次数 / 保持时间 / 行进距离	页码
1	后踢跑	60 次（左右算一次）	详情见 P43
2	向后弓步 + 旋转	8~10 次（左右算一次）	详情见 P20
3	十字象限跳	10 次（前后左右算一次）	详情见 P37
4	斜抱腿	8~10 次（左右算一次）	详情见 P8
5	相扑蹲起	15 次	详情见 P31
6	小碎步	10~30 秒 ×2 组	详情见 P32

B. 技术教学：盘球　⏱ 8~15 分钟

颈部盘球　**躯干盘球**　**膝部盘球**

1. 讲解并示范 3 种盘球动作。
2. 强调动作要领。
3. 指导学生模仿练习，可以根据人数进行分组练习。
4. 对学生的动作进行点评与纠正。

颈部盘球、躯干盘球、膝部盘球：详情分别见 P52、P53、P54

C. 组织训练：三环绕比赛 ⏱ 16~25 分钟

1. 教师组织学生分成 2 组并讲解游戏规则。

2. 教师发布开始指令，每组的排头连续完成颈部盘球、躯干盘球、膝部盘球（每个部位完成 3 次）后，将球传给下一名学生。率先完成的小组获胜。

3. 训练中教师可设置惩罚机制，增加训练过程的竞争性。

详情见 P78

D. 放松活动 按顺序和要求完成以下 6 个动作 ⏱ 8~10 分钟

动 作	重复次数 / 保持时间 / 行进距离	页 码
1 侧卧股四头肌拉伸	左右两侧各 15~30 秒	详情见 P24
2 站立体前屈	15~30 秒	详情见 P44
3 4 字拉伸	左右两侧各 15~30 秒	详情见 P25
4 侧弓步（静态）	左右两侧各 15~30 秒	详情见 P10
5 下犬 - 小腿拉伸	左右两侧各 15~30 秒	详情见 P35
6 跪姿 - 背阔肌拉伸	8~10 次	详情见 P22

1

3

5

2

4

6

第 5 课

- **教学目标** 帮助学生掌握运球的基本动作
- **教学重点** 基本运球
- **器材准备** 篮球、训练垫或瑜伽垫

A. 热身活动 按顺序和要求完成以下 6 个动作　⏱ 8~10 分钟

动 作	重复次数 / 保持时间 / 行进距离	页 码
1 垫步直臂环绕	30 次	详情见 P41
2 斜抱腿	8~10 次（左右算一次）	详情见 P8
3 十字象限跳	10 次（前后左右算一次）	详情见 P37
4 单腿屈髋拉伸（动态）	左右两侧各 8~10 次	详情见 P9
5 侧滑步	左右两侧各 30 次	详情见 P40
6 最伟大拉伸	6~8 次（左右算一次）	详情见 P26

B. 技术教学：基本运球　⏱ 8~15 分钟

1. 讲解并示范基本运球技术。
2. 强调动作要领。
3. 指导学生模仿练习，可以根据人数进行分组练习。
4. 对学生的动作进行点评与纠正。

详情见 P55

C. 组织训练：木头人游戏

⏱ 16~25 分钟

1. 教师组织学生站在篮球场底线上并讲解游戏规则。

2. 教师发布开始指令，学生运球向教师逼近。教师在中圈外背向大家说"1, 2, 3, 木头人"并快速回头，若发现有学生移动，则该学生要回到起点重新开始，没被发现的学生继续游戏。有人碰到教师或 5 分钟时间到时结束。

3. 训练可进行 3~5 组，若 5 分钟内学生未碰到教师，则可对学生进行惩罚，以增加训练的趣味性和对抗性。

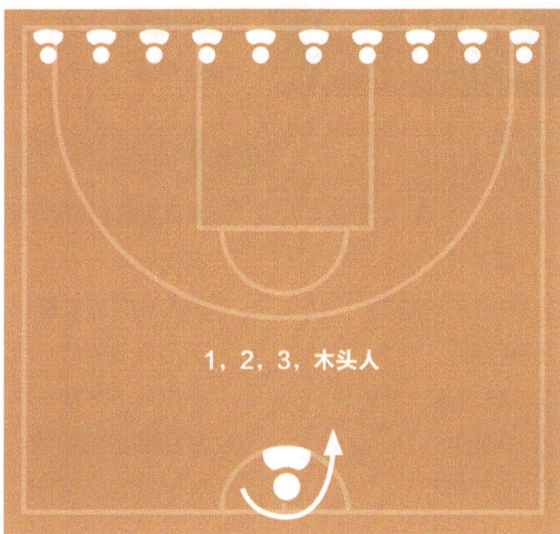

1, 2, 3, 木头人

详情见 P79

D. 放松活动 按顺序和要求完成以下 6 个动作

⏱ 8~10 分钟

动作	重复次数 / 保持时间 / 行进距离	页码
1 站姿股四头肌拉伸（静态）	左右两侧各 15~30 秒	详情见 P11
2 单腿屈髋拉伸（静态）	左右两侧各 15~30 秒	详情见 P9
3 4 字拉伸	左右两侧各 15~30 秒	详情见 P25
4 内收肌坐式拉伸	15~30 秒	详情见 P16
5 站立拉伸小腿	左右两侧各 15~30 秒	详情见 P45
6 屈伸手腕	左右两侧各 15~30 秒	详情见 P18

第 6 课

- **教学目标** 帮助学生掌握防守技术中的脚步动作——侧滑步
- **教学重点** 侧滑步
- **器材准备** 篮球、训练垫或瑜伽垫

A. 热身活动 按顺序和要求完成以下 6 个动作　⏱ 8~10 分钟

	动　作	重复次数 / 保持时间 / 行进距离	页　码
1	踝关节八字跳	30 次	详情见 P13
2	侧弓步（动态）	8~10 次（左右算一次）	详情见 P10
3	高抬腿	30 次（左右算一次）	详情见 P42
4	燕式平衡 + 体前屈	8~10（左右算一次）	详情见 P39
5	侧滑步	左右两侧各 30 次	详情见 P40
6	毛毛虫爬	8~10 次 /8~10 米	详情见 P27

1　2　3　4　5　6

B. 技术教学：侧滑步　⏱ 8~15 分钟

1. 讲解并示范侧滑步技术。
2. 强调动作要领。
3. 指导学生模仿练习，可以根据人数进行分组练习。
4. 对学生的动作进行点评与纠正。

详情见 P57

C. 组织训练：突破重围 1 ⏱ 16~25 分钟

侧滑步
侧滑步
侧滑步
侧滑步

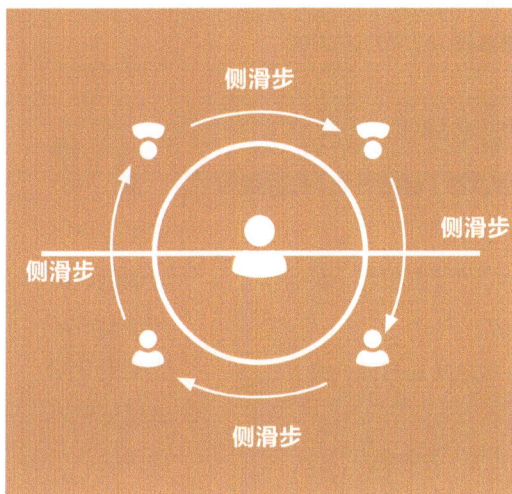

1. 教师组织学生分成 5 人 1 组并讲解游戏规则。

2. 教师发布开始指令，4 名学生作为防守者沿中圈朝一个方向做侧滑步。1 名学生作为突围者抓准时机从 2 名防守者之间运球突破出去；若 1 分钟内中圈内的学生未被抢断并成功突破，则突破者获胜，否则防守者获胜。

3. 训练中教师可设置惩罚机制，增加训练过程的对抗性。

详情见 P80

D. 放松活动 按顺序和要求完成以下 6 个动作 ⏱ 8~10 分钟

	动　作	重复次数 / 保持时间 / 行进距离	页　码
1	侧卧股四头肌拉伸	左右两侧各 15~30 秒	详情见 P24
2	坐位体前屈	15~30 秒	详情见 P44
3	4 字拉伸	左右两侧各 15~30 秒	详情见 P25
4	横向一字拉伸	15~30 秒	详情见 P36
5	站立拉伸小腿	左右两侧各 15~30 秒	详情见 P45
6	猫狗式	8~10 次	详情见 P23

第 7 课

- **教学目标** 使学生熟练掌握交叉步移动技术，提高篮球技能，增强身体协调能力
- **教学重点** 交叉步
- **器材准备** 训练垫或瑜伽垫

A. 热身活动 按顺序和要求完成以下 6 个动作 ⏱ 8~10 分钟

动作	重复次数 / 保持时间 / 行进距离	页码
1 髋关节外展跳	30 次	详情见 P15
2 侧弓步（动态）	8~10 次（左右算一次）	详情见 P10
3 开合跳	30 次	详情见 P14
4 向后弓步走 + 后伸	8~10 次（左右算一次）	详情见 P33
5 相扑蹲起	15 次	详情见 P31
6 最伟大拉伸	6~8 次（左右算一次）	详情见 P26

1   2   3   4   5   6

B. 技术教学：交叉步 ⏱ 8~15 分钟

1. 讲解并示范交叉步动作。
2. 强调动作要领。
3. 指导学生模仿练习，可以根据人数进行分组练习。
4. 对学生的动作进行点评与纠正。

详情见 P58

C. 组织训练：突破重围 2

⏱ 16~25 分钟

1. 教师组织分组并讲解游戏规则。

2. 教师发布开始指令，4 名学生作为防守者沿中圈朝一个方向做交叉步，听到哨声后转换交叉步方向。中间 1 名学生作为突围者抓准时机从 2 名防守者之间冲出去，若被防守者碰触到任何部位，则突围者要与其中 1 名防守者交换角色，重新开始游戏。

3. 训练中教师可设置惩罚机制，增加训练过程的竞争性。

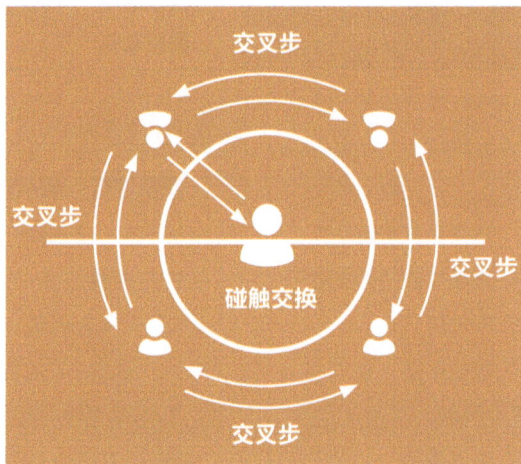

交叉步　交叉步　交叉步　交叉步
碰触交换

训练详情见 P81

D. 放松活动 按顺序和要求完成以下 6 个动作

⏱ 8~10 分钟

	动　作	重复次数 / 保持时间 / 行进距离	页　码
1	站姿股四头肌拉伸（静态）	左右两侧各 15~30 秒	详情见 P11
2	单腿屈髋拉伸（静态）	左右两侧各 15~30 秒	详情见 P9
3	4 字拉伸	左右两侧各 15~30 秒	详情见 P25
4	内收肌坐式拉伸	15~30 秒	详情见 P16
5	下犬 - 小腿拉伸	15~30 秒	详情见 P35
6	跪姿 - 背阔肌拉伸	15~30 秒	详情见 P22

第 8 课

- **教学目标** 让学生初步体会并掌握持球转身技术，发展身体速度、灵敏等素质
- **教学重点** 90 度转身和 180 度转身
- **器材准备** 篮球、训练垫或瑜伽垫

A. 热身活动 按顺序和要求完成以下 6 个动作 ⏱ 8~10 分钟

动 作	重复次数 / 保持时间 / 行进距离	页 码
1 踝关节八字跳	30 次（左右算一次）	详情见 P13
2 单腿屈髋拉伸（动态）	左右两侧各 8~10 次	详情见 P9
3 振臂跳	15 次（左右算一次）	详情见 P21
4 燕式平衡 + 体前屈	8~10 次（左右算一次）	详情见 P39
5 小碎步	10~30 秒 × 2 组	详情见 P32
6 毛毛虫爬	8~10 次 /8~10 米	详情见 P27

B. 技术教学：转身 ⏱ 8~15 分钟

90 度转身
前转身　后转身

180 度转身
前转身　后转身

1. 讲解并示范 90 度转身与 180 度转身动作。
2. 强调动作要领。
3. 指导学生模仿练习，可以根据人数进行分组练习。
4. 对学生的动作进行点评与纠正。

90 度转身、180 度转身：详情分别见 P59、P60

C. 组织训练：转身运球接力　⏱ 16~25 分钟

90 度转身　　180 度转身

1. 教师组织分组并讲解游戏规则。

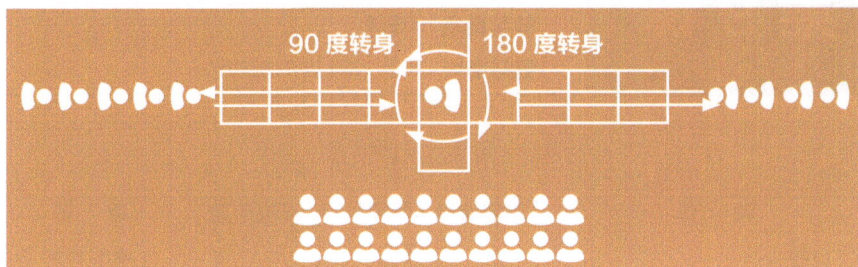

2. 教师发布开始指令，一端第一名学生根据图形运球前进，到达十字格子后，依次完成 90 度前转身、90 度后转身、180 度后转身、180 度前转身，然后再沿着圆形运球到对面；到达对面后，将球交给对面的队友；队友接到球后以同样的方式返回，继续完成迎面接力。一队完成后换下一队。完成接力用时最短的队获胜。

3. 训练中教师可设置惩罚机制，增加训练过程的竞争性。

情见 P82

D. 放松活动　按顺序和要求完成以下 6 个动作　⏱ 8~10 分钟

动　作	重复次数 / 保持时间 / 行进距离	页　码
1　侧卧股四头肌拉伸	左右两侧各 15~30 秒	详情见 P24
2　坐位体前屈	15~30 秒	详情见 P44
3　4 字拉伸	左右两侧各 15~30 秒	详情见 P25
4　侧弓步（静态）	左右两侧各 15~30 秒	详情见 P10
5　站立拉伸小腿	左右两侧各 15~30 秒	详情见 P45
6　双臂向后伸展上提	15~30 秒	详情见 P17

第 9 课

- **教学目标** 让学生熟练掌握传球的技术，能够在进行篮球运动时保持正确的运动姿势
- **教学重点** 传接球
- **器材准备** 篮球、训练垫或瑜伽垫

A. 热身活动 按顺序和要求完成以下 6 个动作　⏱ 8~10 分钟

动 作	重复次数 / 保持时间 / 行进距离	页 码
1　振臂跳	30 次（左右算一次）	详情见 P21
2　YTW 字	10 次	详情见 P34
3　半蹲跳	30 次	详情见 P38
4　向后弓步走 + 后伸	8~10 次（左右算一次）	详情见 P33
5　对侧肘碰膝垫步跳	30 次（左右算一次）	详情见 P12
6　向后弓步 + 旋转	8~10 次（左右算一次）	详情见 P20

1　2　3　4　5　6

B. 技术教学：传接球　⏱ 8~15 分钟

传球要点

接球姿势

1. 讲解并示范传球要点与接球姿势。
2. 强调动作要领。
3. 指导学生模仿练习，可以根据人数进行分组练习。
4. 对学生的动作进行点评与纠正。

传球要点、接球姿势：详情分别见 P61、P63

C. 组织训练：传接球比赛　⏱ 16~25 分钟

1. 教师组织分组并讲解游戏规则。

2. 教师发布开始指令，2 组同时开始比赛。队长将球传给本组的第一名学生，该学生接球后，迅速将球传回，并跑向队尾。接着第二名学生向前完成接传球，直至该组的所有学生都成功完成接传球。率先完成的小组获胜。

3. 训练中教师可设置惩罚机制，增加训练过程的对抗性。

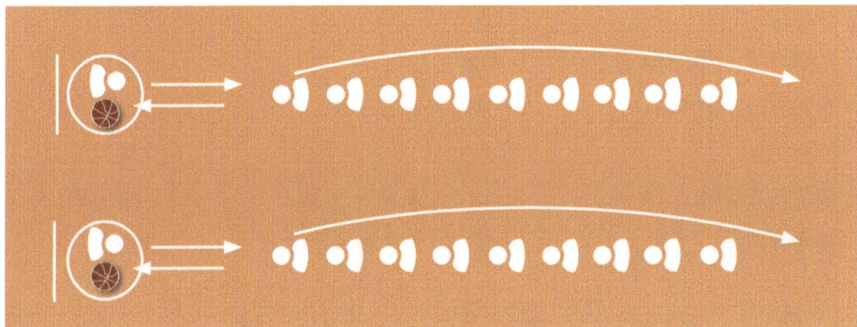

详情见 P83

D. 放松活动　按顺序和要求完成以下 6 个动作　⏱ 8~10 分钟

	动　作	重复次数 / 保持时间 / 行进距离	页　码
1	屈伸手腕	左右两侧各 15~30 秒	详情见 P18
2	双臂向后伸展上提	15~30 秒	详情见 P17
3	站姿股四头肌拉伸（静态）	左右两侧各 15~30 秒	详情见 P11
4	站立体前屈	15~30 秒	详情见 P44
5	4 字拉伸	左右两侧各 15~30 秒	详情见 P25
6	横向一字拉伸	15~30 秒	详情见 P36

第 10 课

- **教学目标** 让学生掌握双手胸前传球的技术，能够做出准确的传球动作
- **教学重点** 胸前传球
- **器材准备** 篮球、训练垫或瑜伽垫

A. 热身活动　按顺序和要求完成以下 6 个动作　⏱ 8~10 分钟

动　作	重复次数 / 保持时间 / 行进距离	页　码
1　开合跳	30 次	详情见 P14
2　站姿股四头肌拉伸（动态）	6~8 次（左右算一次）	详情见 P11
3　对侧肘碰膝垫步跳	30 次（左右算一次）	详情见 P12
4　相扑蹲起	15 次	详情见 P31
5　踝关节八字跳	30 次（左右算一次）	详情见 P13
6　最伟大拉伸	8~10 次（左右算一次）	详情见 P26

B. 技术教学：胸前传球　⏱ 8~15 分钟

1. 讲解并示范胸前传球动作。
2. 强调动作要领。
3. 指导学生模仿练习，可以根据人数进行分组练习。
4. 对学生的动作进行点评与纠正。

详情见 P65

C. 组织训练：手脚配合　⏱16~25 分钟

1. 教师组织学生分组并讲解游戏规则。

2. 教师发布开始指令，站在敏捷梯一侧的学生和在敏捷梯上做灵敏脚步的学生进行胸前传接球。完成一个来回后，2 人互换位置再次练习，此为 1 组。所有学生完成 1 组练习后，游戏结束。

3. 训练中可用秒表记录完成 1 组练习所需的时间，速度最快的一组学生可以获得指定奖励。

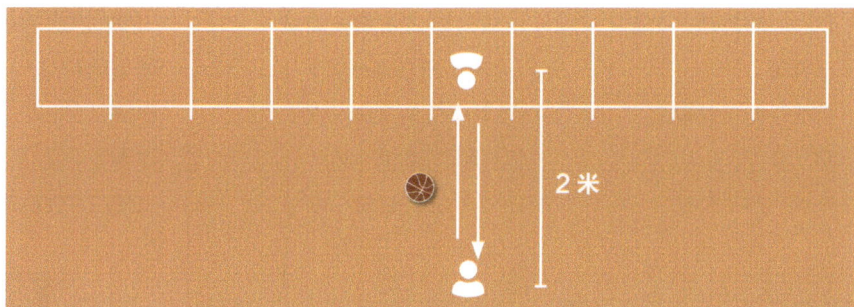

2 米

详情见 P84

D. 放松活动　按顺序和要求完成以下 6 个动作　⏱8~10 分钟

动 作	重复次数 / 保持时间 / 行进距离	页 码
1 双臂向后伸展上提	15~30 秒	详情见 P17
2 屈伸手腕	左右两侧各 15~30 秒	详情见 P18
3 侧卧股四头肌拉伸	左右两侧各 15~30 秒	详情见 P24
4 单腿屈髋拉伸（静态）	左右两侧各 15~30 秒	详情见 P9
5 4 字拉伸	左右两侧各 15~30 秒	详情见 P25
6 内收肌坐式拉伸	15~30 秒	详情见 P16

第 11 课

- **教学目标** 使学生掌握击地传球的方法，提高控球能力
- **教学重点** 击地传接
- **器材准备** 篮球、标志桶、训练垫或瑜伽垫

A. 热身活动　按顺序和要求完成以下 6 个动作　⏱ 8~10 分钟

动　作	重复次数 / 保持时间 / 行进距离	页　码
1 踝关节八字跳	30 次	详情见 P13
2 单腿屈髋拉伸（动态）	8~10 次（左右算一次）	详情见 P9
3 振臂跳	30 次（左右算一次）	详情见 P21
4 燕式平衡 + 体前屈	8~10 次（左右算一次）	详情见 P39
5 蹬山步	30 次（左右算一次）	详情见 P29
6 向后弓步 + 旋转	8~10 次（左右算一次）	详情见 P20

B. 技术教学：击地传球　⏱ 8~15 分钟

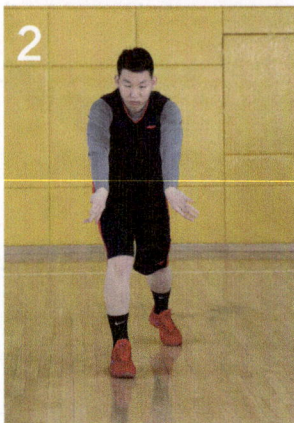

1. 讲解并示范击地传球动作。
2. 强调动作要领。
3. 指导学生模仿练习，可以根据人数进行分组练习。
4. 对学生的动作进行点评与纠正。

详情见 P66

C. 组织训练：标志桶之间传接球 ⏱ 16~25 分钟

详情见 P85

1. 教师组织分组并讲解游戏规则。

2. 教师发布开始指令，位于标志桶一侧的 A 学生边侧身跑边击地传球给 B 学生；B 学生接到球后，边侧身跑边双手胸前传球给 A 学生，2 人重复进行。到达折返点后，2 人互换位置与传球方式继续练习，回到起点交给下一组学生。直至所有学生完成，训练结束。

3. 训练中可用秒表记录完成 1 组练习所需的时间，速度最快的一组学生可以获得指定奖励。

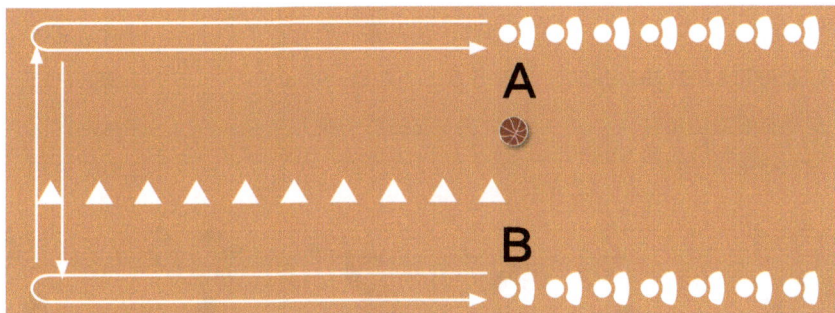

D. 放松活动 按顺序和要求完成以下 6 个动作 ⏱ 8~10 分钟

	动 作	重复次数 / 保持时间 / 行进距离	页 码
1	双臂向后伸展上提	15~30 秒	详情见 P17
2	肱三头肌拉伸	左右两侧各 15~30 秒	详情见 P19
3	屈伸手腕	左右两侧各 15~30 秒	详情见 P18
4	站姿股四头肌拉伸（静态）	左右两侧各 15~30 秒	详情见 P11
5	站立体前屈	15~30 秒	详情见 P44
6	站立拉伸小腿	左右两侧各 15~30 秒	详情见 P45

第 12 课

- **教学目标** 使学生初步掌握头顶传球的动作和要领
- **教学重点** 头顶传球
- **器材准备** 篮球、训练垫或瑜伽垫

A. 热身活动 按顺序和要求完成以下 6 个动作　⏱ 8~10 分钟

动　作	重复次数 / 保持时间 / 行进距离	页　码
1 踝关节八字跳	30 次	详情见 P13
2 单腿屈髋拉伸（动态）	8~10 次（左右算一次）	详情见 P9
3 振臂跳	30 次（左右算一次）	详情见 P21
4 站姿股四头肌拉伸（动态）	6~8 次（左右算一次）	详情见 P11
5 对侧肘碰膝垫步跳	30 次（左右算一次）	详情见 P12
6 向后弓步 + 旋转	8~10 次（左右算一次）	详情见 P20

B. 技术教学：头顶传球　⏱ 8~15 分钟

1. 讲解并示范头顶传球动作。
2. 强调动作要领。
3. 指导学生模仿练习，可以根据人数进行分组练习。
4. 对学生的动作进行点评与纠正。

详情见 P67

C. 组织训练：遛猴　🕐 16~25 分钟

1. 教师组织分组并讲解游戏规则。

2. 教师发布开始指令，2 名学生站在中圈上，相互用头顶传球的方式进行传接球；另 1 名学生在中间防守。防守者成功碰到谁传出的球，就和那名学生互换角色。5 分钟时间到，训练结束。

3. 若防守者碰到球，则传球者需得到一定的惩罚，从而增加训练的竞争性。

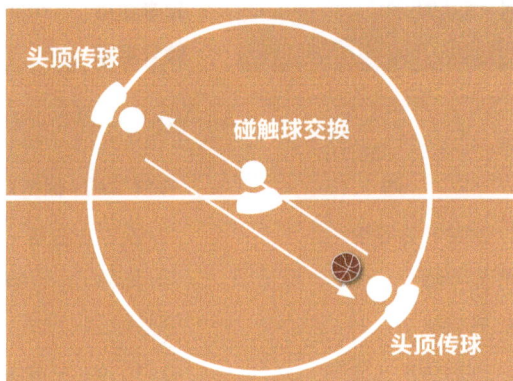

详情见 P86

D. 放松活动　按顺序和要求完成以下 6 个动作　🕐 8~10 分钟

动　作	重复次数 / 保持时间 / 行进距离	页　码
1　站姿股四头肌拉伸（静态）	左右两侧各 15~30 秒	详情见 P11
2　站立体前屈	15~30 秒	详情见 P44
3　4 字拉伸	左右两侧各 15~30 秒	详情见 P25
4　跪姿 - 背阔肌拉伸	15~30 秒	详情见 P22
5　双臂向后伸展上提	15~30 秒	详情见 P17
6　站立拉伸小腿	左右两侧各 15~30 秒	详情见 P45

第 13 课

- **教学目标** 让学生熟练掌握单手侧传球的动作技巧，提高学生的传球能力
- **教学重点** 单手侧传球
- **教学目标** 篮球、标志桶

A. 热身活动 按顺序和要求完成以下 6 个动作　⏱ 8~10 分钟

动　作	重复次数 / 保持时间 / 行进距离	页　码
1 髋关节外展跳	30 次（左右算一次）	详情见 P15
2 斜抱腿	8~10 次（左右算一次）	详情见 P8
3 开合跳	30 次	详情见 P14
4 向后弓步 + 旋转	8~10 次（左右算一次）	详情见 P20
5 波比跳	10~15 次	详情见 P28
6 毛毛虫爬	8~10 次 /8~10 米	详情见 P27

B. 技术教学：单手传球　⏱ 8~15 分钟

1. 讲解并示范单手传球动作。
2. 强调动作要领。
3. 指导学生模仿练习，可以根据人数进行分组练习。
4. 对学生的动作进行点评与纠正。

详情见 P68

C. 组织训练：传送　⏱ 16~25 分钟

1. 教师组织分组并讲解游戏规则。

2. 教师发布开始指令，第 1 名学生迅速以击地传球的方式将球传给第 2 名学生，第 2 名学生以单手传球的方式再传给第 3 名学生，第 3 名学生以胸前传球的方式再传给第 4 名学生，第 4 名学生以头顶传球的方式传给第 5 名学生，第 5 名学生接到球后将球举过头顶，该组游戏结束。所有组学生都完成练习后，游戏结束。

3. 训练中可用秒表记录完成 1 组练习所需的时间，速度最快的一组学生可以获得指定奖励。

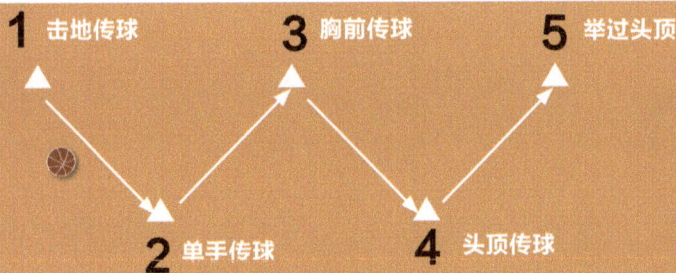

详情见 P87

D. 放松活动　按顺序和要求完成以下 6 个动作　⏱ 8~10 分钟

	动　作	重复次数 / 保持时间 / 行进距离	页　码
1	屈伸手腕	左右两侧各 15~30 秒	详情见 P18
2	双臂向后伸展上提	15~30 秒	详情见 P17
3	肱三头肌拉伸	左右两侧各 15~30 秒	详情见 P19
4	站姿股四头肌拉伸（静态）	左右两侧各 15~30 秒	详情见 P11
5	站立体前屈	15~30 秒	详情见 P44
6	侧弓步（静态）	左右两侧各 15~30 秒	详情见 P10

第 14 课

- **教学目标** 让学生熟练掌握双手投篮技术，建立正确的技术动作概念
- **教学重点** 双手投篮
- **器材准备** 篮球、训练垫或瑜伽垫

A. 热身活动　按顺序和要求完成以下 6 个动作　⏱ 8~10 分钟

动　作	重复次数 / 保持时间 / 行进距离	页　码
1 十字象限跳	10 次（前后左右算一次）	详情见 P37
2 垫步直臂环绕	30 次	详情见 P41
3 蹬山步	30 次	详情见 P29
4 斜抱腿	8~10 次（左右算一次）	详情见 P8
5 相扑蹲起	15 次	详情见 P31
6 最伟大拉伸	8~10 次（左右算一次）	详情见 P26

B. 技术教学：双手投篮　⏱ 8~15 分钟

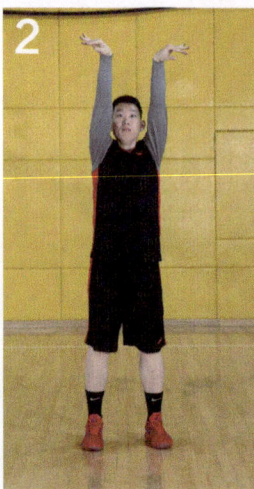

1. 讲解并展示双手投篮动作。
2. 强调动作要领。
3. 指导学生模仿练习，可以根据人数进行分组练习。
4. 对学生的动作进行点评与纠正。

详情见 P69

C. 组织训练：投篮 21 分　⏱ 16~25 分钟

双手投篮

详情见 P88

1. 教师组织分组并讲解游戏规则。

2. 教师发布开始指令，第 1 组学生依次在投篮点 1 进行双手投篮，投中得 2 分，未投中但抢到篮板球直接上篮，进球得 1 分；直到得够 21 分，换下一组继续进行。所有组得够 21 分后，在下一投篮点继续。以此类推，所有组完成 5 个点的投篮后，游戏结束。

3. 训练中可计算每一组的投篮次数或命中率，命中率高的一组学生可以获得指定奖励。

D. 放松活动　按顺序和要求完成以下 6 个动作　⏱ 8~10 分钟

	动　作	重复次数 / 保持时间 / 行进距离	页　码
1	侧卧股四头肌拉伸	左右两侧各 15~30 秒	详情见 P24
2	单腿屈髋拉伸（静态）	左右两侧各 15~30 秒	详情见 P9
3	4 字拉伸	左右两侧各 15~30 秒	详情见 P25
4	下犬 - 小腿拉伸	15~30 秒	详情见 P35
5	双臂向后伸展上提	15~30 秒	详情见 P17
6	肱三头肌拉伸	左右两侧各 15~30 秒	详情见 P19

第 15 课

- **教学目标** 使学生理解并掌握跳投的技术动作，提高投篮准确率
- **教学重点** 跳投
- **器材准备** 篮球、训练垫或瑜伽垫

A. 热身活动 按顺序和要求完成以下 6 个动作

⏱ 8~10 分钟

动 作	重复次数 / 保持时间 / 行进距离	页 码
1 髋关节外展跳	30 次（左右算一次）	详情见 P15
2 斜抱腿	8~10 次（左右算一次）	详情见 P8
3 振臂跳	30 次（左右算一次）	详情见 P21
4 向后弓步 + 旋转	8~10 次（左右算一次）	详情见 P20
5 高抬腿	30 次（左右算一次）	详情见 P42
6 毛毛虫爬	8~10 次 /8~10 米	详情见 P27

1 2 3 4 5 6

B. 技术教学：跳投

⏱ 8~15 分钟

1   2   3

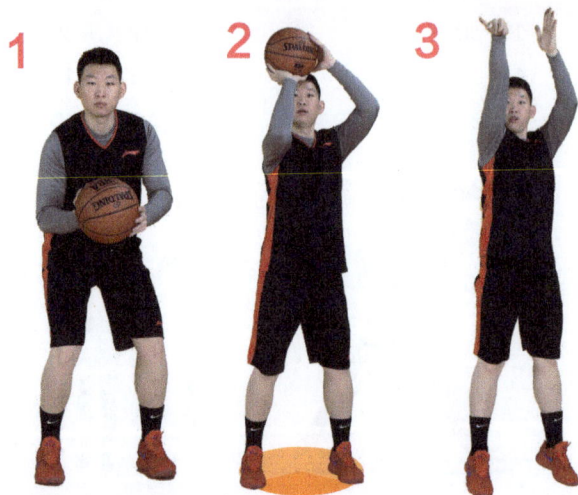

1. 讲解并示范跳投动作。
2. 强调动作要领。
3. 指导学生模仿练习，可以根据人数进行分组练习，并对学生的动作进行点评与纠正。

详情见 P71

C. 组织训练：面对面投篮　⏱ 16~25 分钟

3 米

1. 教师组织分组并讲解游戏规则。

2. 教师发布开始指令，队列第 1 名学生持球以跳投的方式将球投向对面的学生。队友接球后，用同样的方式投出篮球，算 1 次。一组成功进行 10 次练习后，将球传给同队列的下一位学生继续练习。直到所有学生练习完后，训练结束。

3. 若学生投出的球偏离方向，则需做一次蹲起，从而增加训练的竞争性。

详情见 P89

D. 放松活动　按顺序和要求完成以下 6 个动作　⏱ 8~10 分钟

	动　作	重复次数 / 保持时间 / 行进距离	页　码
1	跪姿 –背阔肌拉伸	15~30 秒	详情见 P22
2	双臂向后伸展上提	15~30 秒	详情见 P17
3	站姿股四头肌拉伸（静态）	左右两侧各 15~30 秒	详情见 P11
4	坐位体前屈	15~30 秒	详情见 P44
5	4 字拉伸	左右两侧各 15~30 秒	详情见 P25
6	站立拉伸小腿	左右两侧各 15~30 秒	详情见 P45

第 16 课

- **教学目标** 让学生熟练掌握三步上篮的动作，增强身体力量，提高上篮动作的连贯性与稳定性
- **教学重点** 三步上篮
- **器材准备** 篮球、训练垫或瑜伽垫

A. 热身活动 按顺序和要求完成以下 6 个动作　⏱ 8~10 分钟

动　作	重复次数 / 保持时间 / 行进距离	页　码
1　开合跳	30 次	详情见 P14
2　向后弓步 + 旋转	8~10 次（左右算一次）	详情见 P20
3　对侧肘碰膝垫步跳	30 次（左右算一次）	详情见 P12
4　毛毛虫爬	8~10 次 /8~10 米	详情见 P27
5　波比跳	10~15 次	详情见 P28
6　最伟大拉伸	8~10 次（左右算一次）	详情见 P26

1　2　3　4　5　6

B. 技术教学：三步上篮　⏱ 8~15 分钟

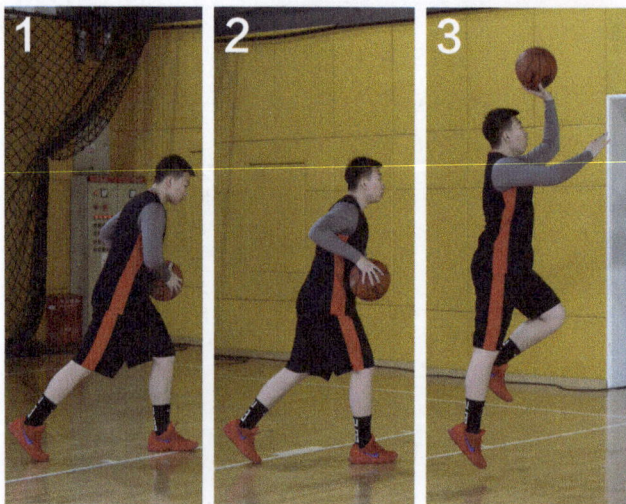

1. 讲解并示范三步上篮动作。
2. 强调动作要领。
3. 指导学生模仿练习，可以根据人数进行分组练习，并对学生的动作进行点评与纠正。

详情见 P73

C. 组织训练：接运后上篮 ⏱16~25 分钟

1. 教师进行组织安排并讲解游戏规则。

2. 教师发布开始指令并将球传给内线学生，内线学生接球后，三步上篮，擦板投篮后排到队尾。下一名学生跑至限制区外准备接球，重复前一名学生的训练方法进行训练。

3. 直到所有学生训练完后，游戏结束。

4. 若学生上篮时未进球，则需做 5 个蹲起，从而增加训练的竞争性。

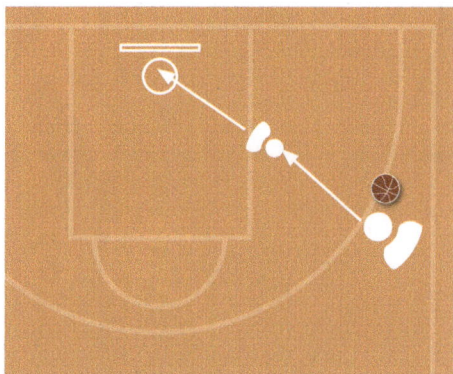

训练详情见 P90

D. 放松活动 按顺序和要求完成以下 6 个动作 ⏱8~10 分钟

	动 作	重复次数 / 保持时间 / 行进距离	页 码
1	侧卧股四头肌拉伸	左右两侧各 15~30 秒	详情见 P24
2	单腿屈髋拉伸（静态）	左右两侧各 15~30 秒	详情见 P9
3	4 字拉伸	左右两侧各 15~30 秒	详情见 P25
4	下犬 -小腿拉伸	15~30 秒	详情见 P35
5	双臂向后伸展上提	15~30 秒	详情见 P17
6	肱三头肌拉伸	左右两侧各 15~30 秒	详情见 P19

1

3

5

2

4

6

第6章

常见运动损伤与预防

篮球属于同场竞技类项目，具有跑动多、对抗强等特点。这一特点决定了篮球运动员容易受到自身、对手、环境等多方面的影响，从而导致运动损伤。儿童青少年处于身体快速发育阶段，可能存在对篮球项目的认知不足、技术水平可能还不成熟等问题，这导致他们更容易出现运动损伤。据研究统计，拉伤和扭伤是儿童青少年最容易出现的运动损伤，占据总体的 22%~65.5%。本章从儿童青少年的生理特点出发，主要介绍篮球运动中常见的运动损伤和预防方法。

6.1 儿童青少年生理特点与运动损伤的关系

● 骨骼特点

软骨成分多，水分多，有机物质多，无机盐少，骨松质较多，骨密质较少；虽然富有弹性，却不坚固。

→ 骨头不容易发生完全骨折，不过容易弯曲、变形。

● 肌肉特点

水分多，无机盐、蛋白质、脂肪少。

→ 肌肉收缩机能差、耐力差，比较容易产生疲劳。

● 神经特点

神经活动不稳定，不易抑制，容易兴奋。

→ 注意力不集中。

● 关节特点

关节面软骨厚，关节囊、韧带的延展性好，周围肌肉细长；关节活动范围大，但牢固性差。

→ （有较大外力作用时）关节脱位。

骨骼	肌肉	神经	关节
↓	↓	↓	↓
弯曲、变形	疲劳	注意力不集中	脱位

6.2 篮球运动中常见的运动损伤

● 运动损伤的定义

　　运动损伤是指在参加运动或锻炼时发生的组织损伤。根据损伤的部位，可将其分为：骨骼系统损伤，韧带和关节损伤，肌肉和肌腱损伤。

骨骼系统损伤

● 骨挫伤

　　接触类体育运动中的常见损伤，是发生在骨头上的直接创伤，但不会导致骨折。儿童青少年由于肌肉骨骼系统尚未发育成熟，在运动中容易发生骨挫伤，多见于脚踝、手腕以及坐骨处。

● 急性骨折

　　骨骼突然弯曲、扭曲或受压而发生立即断裂，有明显局部疼痛和肿胀。常见于高对抗类体育运动中。

● 应力性骨折

　　因过度使用而导致的骨骼损伤，是正常骨骼受到反复应力作用而导致的微骨折，需借助 MRI 或 CT 才能确诊。

韧带和关节损伤

● 踝关节损伤

　　踝关节是篮球运动中受伤风险最高的关节之一。踝关节损伤多发生在侧向制动、进攻或防守中发生冲撞、投篮或抢篮板落地时踩到他人的脚时。踝关节扭伤容易引发外侧三角韧带拉伤，同时容易使距骨前移造成踝关节灵活性降低。此外，跟腱损伤也是篮球项目的多发伤病，通常在跳跃、启动蹬地突破时引起。

● 膝关节损伤

　　由于篮球项目的特点，运动员无论是进攻还是防守，都需要保持半蹲位状态（膝关节

会持续性处于屈曲状态）。在急转急停、跳起、下落以及被冲撞时容易引发膝关节扭伤。膝关节扭伤通常会引发半月板撕裂，同时伴随内侧副韧带、前交叉韧带的损伤。

● 髋关节损伤

髋关节是下肢最灵活的关节，所有的跑动类项目都需要强韧有力、灵活协调的髋关节。在篮球运动中，腹股沟韧带拉伤时运动员常会出现髋关节损伤。腹股沟韧带位于小腹斜下侧靠近大腿位置。通常在侧向蹬伸、转身冲刺时引起拉伤。另外，在运动员受到冲撞或摔倒时也容易引发盂唇损伤。

● 腰椎关节损伤

在突然的位移、对抗或是跳跃下落时容易发生腰部扭伤。腰椎的损伤多发于第 4 和第 5 腰椎以及腰骶间的扭伤、错位。另外，由于青少年骨骼肌肉系统尚未发育成熟，在进行力量训练中也容易引发腰椎损伤。

● 手指关节损伤

篮球运动员在快速运球、接球、抢球中容易出现手指关节扭伤。

● 肩关节损伤

篮球是一项过顶运动。运动员投篮、抢篮板需要将手臂举过头顶。肩关节脱位、盂唇损伤是篮球运动员常见的肩部损伤。

肌肉和肌腱损伤

● 股四头肌肌肉拉伤（大腿前侧肌肉）

股四头肌是下肢大肌群之一。其中，股直肌是双关节肌，在伸髋、屈膝状态下容易拉伤。通常在空中对抗、快跑时肌肉快速离心收缩引起拉伤。

● 腘绳肌拉伤（大腿后侧肌肉）

腘绳肌是蹬伸加速的主要发力肌肉，运动员在持球加速、摆脱防守时急起急停时容易引起拉伤。

● 肌腱炎

由于重复运动或受伤引起的肌腱或肌腱周围的肌腱鞘发炎也是篮球运动员常见的肌肉损伤。主要是由于由过度使用或者用力方式不正确引起的，常见的肌腱炎有肱骨外上髁炎（即网球肘）、胫骨结节炎、足底筋膜炎等。

6.3 运动损伤应急处理

常见运动损伤的应急处理

运动必然伴随损伤风险，特别是针对儿童青少年群体，面对突发损伤情况，教师、教练或家长正确、及时的应急处理可以最大限度地保护伤者，减少炎症发生、缓解疼痛以及避免二次创伤。下文提供了几类急性损伤的应急处理方法，但主要是针对伤情不严重的情况，教练或家长应该对儿童青少年受伤情况的轻重缓急做出基本或准确的判断，在面对伤势较重或无法处理的情况时，应及时寻找专业医务人士或抓紧去医院治疗，不要耽误时机。

开放性软组织损伤

开放性软组织损伤主要表现为受伤部位的皮肤或粘膜有破损，形成伤口或组织外露，由于伤口存在感染危险，如果早期处理不当，容易引发感染，甚至危及生命。

开放性软组织损伤的处理原则为止血和防止伤口感染。

● 压迫止血

使用干净的衣物填充压迫伤口止血。四肢大出血时应采用止血带，但需定时放松，防止肢体坏死。止血后应当及时就医。

● 抬高患肢

使出血部位高于心脏，降低该处血压，减少血流量，从而止血。主要用于四肢少量出血的情况。

● 冰敷

一般与前两种方式同时使用，进行止痛、止血、减少肿胀。

● 清洁消毒

先用碘伏或酒精消毒液对创口进行消毒，再用纱布或创可贴对受伤部位进行包扎处理，随后及时就医。

闭合性软组织损伤

闭合性软组织损伤主要表现为局部皮肤或粘膜完整，无伤口与外界相通，损伤时的出血积聚在组织内。当身体受钝力作用，肌肉猛烈收缩，关节活动超越正常范围或劳损时通常会引起闭合性软组织损伤。该类损伤中急性多于慢性，若急性损伤治疗不当、不及时或过早参加训练，可能会转化为慢性损伤。

轻微至中等闭合性软组织损伤通常采用国际通用 POLICE 应急处理原则。

● P——Protect：保护

当损伤发生后，应立刻停止运动，保护受伤部位，在他人帮助下尽快离开运动场所。如果受伤后无法自主活动，应在安全的情况下，尽可能以适当的保护工具或姿势进行防护，避免受伤处加重或受二次创伤。

● OL——Optimal Loading：最优负荷

从受伤时起（特别是关节扭伤后），可在有保护和不引起受伤部位明显疼痛的前提下，采用适当负荷进行积极性的活动。适当负荷刺激可以促进细胞反应和组织结构重塑，这种轻柔舒缓的活动有利于恢复。须注意的是，在活动过程中要合理控制强度，对受伤的部位持续加以保护。

● I——Ice：冰敷

一般受伤后不超过 24 小时都可以选择冰敷，单次冰敷以 10 ～ 20 分钟为宜，冰敷可以有效控制受伤部位的肿胀和炎症，并在一定程度上缓解疼痛。如果没有合适的冰袋，可先用凉水冲洗，再寻找合适冰敷装置。须注意的是，对于儿童青少年，一般不将冰袋直接与其皮肤接触，最好在皮肤和冰袋之间垫层毛巾，以避免冻伤。如果是冰敷关节部位，可以每 5 分钟拿开冰袋，稍微活动下关节再继续。

● C——Compression：加压包扎

加压包扎的方法要配合冰敷，使用有弹力的绷带将冰袋绑在受伤处，捆绑的时候稍稍用力，根据主观的疼痛感觉，给予一定的压力。加压的主要作用是帮助控制或减少肿胀，并通过对四肢施压增大组织压力从而减少内出血，同时也有减缓伤口发炎、减少组织液渗出的作用。

● E——Elevation：抬高

抬高是将受伤的部位抬高，原则上 48 小时内都应该抬高患肢，患肢抬高的高度至少超过心脏位置，如果是上肢受伤可以借助吊带将肢体吊起，如果下肢受伤可以使用坐姿抬高腿或平躺时腿下垫个枕头。抬高的目的是加速血液和淋巴液回流，通过减少组织液渗出减轻患肢水肿，从而缓解疼痛和加速康复。

6.4 常见运动损伤的预防

儿童青少年运动损伤预防主要原则

儿童青少年运动损伤预防主要原则
- 1. 提高风险意识，预防和运动同等重要
- 2. 有专业人士（教师、教练）监护和指导
- 3. 创造安全的运动环境
- 4. 提升运动时的专注度和注意力
- 5. 遵循科学训练原则，循序渐进

儿童青少年运动损伤预防主要措施

● 运动前做好充分的准备活动

每次运动前都必须有热身或准备活动环节。热身活动可以提高机体温度，促进血液循环，提高肌肉的收缩性能，有效降低肌肉的粘滞性，增加关节活动幅度，减少损伤的发生概率。

● 注重基本技术动作练习

错误的动作往往是运动损伤的潜在诱因，特别是针对儿童青少年，一定要注重体能训练、运动专项的练习质量，形成正确、合理的动作模式，训练中动作质量重要程度远远高于动作数量。

● 选择运动服饰和佩戴防护装备

儿童青少年运动时一定选择舒适的运动衣服和合适大小的运动鞋，此外，进行篮球、足球、自行车等各项专项运动时，需要佩戴一些必备的专业护具，比如护膝、护腿板、头盔、防摔衣等。

● 重视基础体能，提高体能水平

儿童青少年无论学习哪一种体育项目，都要注重基础体能的练习。在基础体能和专项

技术之间，应该先提升孩子的基础运动技能，有了正确的动作模式，和一定的力量、速度、爆发力、灵敏、协调等方面的身体素质，并加强了骨骼肌肉系统和神经肌肉控制系统之后，再参加竞技性体育运动才是最好的选择，这不仅将大幅降低儿童青少年运动损伤的发生概率，还有助于更好的运动表现。

● 训练后及时恢复放松

锻炼后及时进行放松，是一种从小就需要养成的良好运动习惯。尽管儿童青少年生长激素水平高，新陈代谢和疲劳消除都很快，但同样也需要在运动后使用静态拉伸、软组织松解等恢复放松手段，从而取得更好的恢复效果，同时提升儿童青少年的柔韧性和肌肉弹性，预防运动损伤。